我们爱朗读系列丛书

普通话训练教程

第三版

曾志华　吴洁茹　熊征宇　潘洁　编著

中国传媒大学出版社
CUCP
·北京·

第三版修订说明

本书自2012年出版以来,反响良好,不仅被数十所高校选为相关课程的教材,而且被媒体、影视公司、培训机构等作为培训教材,还被广大读者作为普通话学习的教材。2017年出版第二版。作者团队结合近几年的教学经验和读者反馈,于2022年再次对本书进行修订。

第三版做了如下更新:一是更加注重理论与实践的结合,更新案例及示范音频。二是为满足广大读者对课件的需求,各章节配备PPT等数字资源。三是各章节均有局部增删和润色,更改错误,使行文更加流畅,表述更加准确。

此次修订依旧难免存在疏漏,恳请读者批评指正,以便后续改进。

目 录

音频目录

扫描二维码，
畅听本书音频。
书中铺灰文字
有相应音频
示范。

训练秘诀

听——听播音员、主持人标准的普通话

听你周围普通话比你好的老师、同学、朋友、家人说话

听一听你喜欢的影视作品、文学作品的音视频

听一听我们特别为你制作的示范录音

说——坚持每天说普通话,不分场合

挑你喜欢的文字进行朗读练习,不怕说错

先学会一些使用频率较高的字词的正确读音,立竿见影的效果会让你信心倍增

记——记住自己说的方言与普通话的差异,也记住自己发音与标准读音的差异

记住自己语音中的主要问题和次要问题

记住普通话的正确读音

第一章　你的问题在哪里

高考语文题:用 10 到 20 个字给推广普通话做个广告策划。有考生这样作答:“世界上最遥远的距离,不是生与死的距离,也不是天各一方,而是你说方言我什么也听不明白。——请说普通话!!!”

打开这本书之前,你一定有一个强烈的愿望:说一口流利的普通话!

但凡有这种想法的人,一般都在普通话方面有这样那样的问题。比如——

◈ 卷舌音、翘舌音,到底哪种说法才是正确的?

◈ 老师说我的后鼻音不到位,我读的时候知道它是后鼻音啊,可怎么就没到位呢?

◈ 老师说我的调值有问题。我知道调值低是我们东北人学说普通话最大的障碍,可要改正它,是不是把嗓门儿提高就行了?

◈ 在我们那地方,我的普通话是说得最好的,可为什么老师您说我的问题还很多?

◈ 我也很想知道自己的问题在哪里,但就是找不到一位合适的老师!

◈ 练习绕口令有用吗?有人说只有当播音员、主持人的才练那玩意儿呢。

◈ 我很喜欢每天读报纸,而且大声地读,但总是遭到寝室同学的抗议,他们说这是噪声。

◈ 我很羡慕那些说一口标准普通话的人,我也想学好普通话,可是我不知道从哪儿下手。

除了上面这些问题,你可能还有下面这些问题——

◈ 普通话是现在的通用语,以前呢?每个朝代是不是都有当朝的通用语?

◈ 普通话就是北京话吗?如果是的话,那北京人说的都可以算作普通话咯?

◈ 每年都有推广普通话的宣传周活动,推广普通话就是不让说方言吗?

◈ 普通话异读词审音又是怎么回事?正确读音的依据是《现代汉语词典》吗?

哈哈，问题肯定不止这些，对吗？

这本书就是想为你解决这些问题的。

我们的目的只有一个：帮助你说好普通话！

自我测试

首先，请你看看下面这篇文章——

差　别[①]

两个同龄的年轻人同时受雇于一家店铺，并且拿同样的薪水。

可是一段时间后，叫阿诺德的那个小伙子青云直上，而那个叫布鲁诺的小伙子却仍在原地踏步。布鲁诺很不满意老板的不公正待遇。终于有一天他到老板那儿发牢骚了。老板一边耐心地听着他的抱怨，一边在心里盘算着怎样向他解释清楚他和阿诺德之间的差别。

"布鲁诺先生，"老板开口说话了，"您现在到集市上去一下，看看今天早上有什么卖的。"

布鲁诺从集市上回来向老板汇报说，今早集市上只有一个农民拉了一车土豆在卖。

"有多少？"老板问。

布鲁诺赶快戴上帽子又跑到集上，然后回来告诉老板一共四十袋土豆。

"价格是多少？"

布鲁诺又第三次跑到集上问来了价格。

"好吧，"老板对他说，"现在请您坐到这把椅子上一句话也不要说，看看阿诺德怎么说。"

阿诺德很快就从集市上回来了。向老板汇报说到现在为止只有一个农民在卖土豆，一共四十口袋，价格是多少多少；土豆质量很不错，他带回来一个让老板看看。这个农民一个钟头以后还会弄来几箱西红柿，据他看价格非常公道。昨天他

① 国家语言文字工作委员会普通话培训测试中心.普通话水平测试实施纲要[M].北京：商务印书馆，2004：336.

们铺子的西红柿卖得很快,库存已经不//[1]多了。他想这么便宜的西红柿,老板肯定会要进一些的,所以他不仅带回来一个西红柿做样品,而且把那个农民也带来了,他现在正在外面等回话呢。

……

现在,需要你做的是:

1.请你读一遍,并录音;

2.请你听一听示范朗读;

3.请你仔细对照一下,你读的和示范朗读有什么不同?不同在哪里,你听得出来吗?

比如,盘算 pánsuan、清楚 qīngchu、先生 xiānsheng、口袋 kǒudai、告诉 gàosu、便宜 piányi 这几个词都是轻声,你读对了吗?

对于有些南方的朋友来说,“阿诺德”和“布鲁诺”是不是不大好读?“鲁”的声母是 l,“诺”的声母是 n,两个字放在一起,是不是有些拗口?

对于有些北方的朋友来说,“质量”zhìliàng 的“质”是不是容易读成第三声,“弄”nòng 是不是容易读成 nèng?“西红柿”你会读成“胸柿”吗?

4.如果能够听出差异,那么,你是否能够给自己评判一下,你的语音问题大致出现在哪些方面?声母、韵母、声调,还是轻重格式,或者其他问题?

以上只是一个小测试,看看你的普通话水平如何。当然,即便你听出来自己存在很多问题,也不必不好意思,这只不过是你学习普通话过程中一个有趣的小插曲。

训练秘诀

我们认为,训练秘诀可以分为三步:

◆ 听——仔细听

很多练习指南都会将“说”放在第一位,其实,“听”是学说普通话的关键!

听广播、电视里播音员、主持人标准的普通话;

---

① 普通话水平测试用朗读作品在第 400 个音节后用“//”标注。

听你周围普通话比你好的老师、同学、朋友、家人说话；

在网上，找到你喜欢的影视作品、文学作品的音视频，听一听；读这本书时，听一听我们特别为你制作的示范朗读……

另外，再给你一个建议，每当别人说一段话、朗读一篇文章时，你试着边听、边记、边分析，看看他的普通话发音正确与否，指出他的症结所在。

总之，"以听促说"，可以大大提高学说普通话的效率。因为只有在你的听觉世界里，建立起正确读音的模板，才可能发现你自己的问题所在，也才能够迅速地予以纠正。

记住，学习任何一门语言，没有好的"耳朵"是不行的！

◆ 说——大胆说

"光听不说，那是假把式；光说不听，那是瞎折腾。"

"听"是先导，"说"则是每天必须要做的功课——持之以恒，锲而不舍。

也许你见着老乡就不说普通话了，也许你放假回家也不说普通话了。这源于一份浓浓的乡情和亲情，可以理解。但是，在初学普通话的阶段，最好做到不分场合地开口说普通话。

也许你在练习的过程中时常出错，也许同学、朋友会发出"嗤嗤"的笑声。不要难为情，更不要以为他们是在嘲笑你。换个角度想，让他们发出"笑声"的正是你说得不够标准之处，他们可是你的"老师"呢！所以，学会在他人的笑声中发现自己的错误所在，及时纠正。

建议你，先学会一些使用频率较高的字词，迅速呈现的效果会让你信心倍增；还可以挑选一些你自己喜欢的文字（古诗词、散文、影视剧台词、小说、随笔、新闻、报摘，等等，体裁不限），大声朗读。另外，现在手机里可以下载读诗、读书的 App，既能听，也能跟读、录音，你可以试试。

◆ 记——认真记

"知己知彼"方能"百战不殆"。

听、说的同时，还有件功课非做不可，那就是，记！

很多人在学普通话时,容易忽略自己的方言与普通话的关系。语言的习得,都是在一定的语言环境中,将看到的实物与听到的声音联系起来,从而将概念与声音相结合。可见,语言能力与思维能力是同步形成和发展的。方言区的人在学习普通话的过程中,一方面要依靠作为思维工具的方言,另一方面要迅速排除方言所带来的各种各样的干扰。而要排除方言带来的干扰,最有效的办法就是找出方言与普通话的对应关系,清楚知晓自己所属方言与普通话的差异主要在哪些方面。

在知晓自己所属方言与普通话差异的同时,还必须清楚自己的问题所在,做到有的放矢、各个击破。尤其在初学阶段,应该将每次出现的问题记录下来,分清主要问题、次要问题,然后制订修正计划。

当然,记住普通话的正确读音更是必须的。你可能会有这样的经历:在纠正语音的过程中,往往会出现某个读音屡次读错的情况,或者是单独发这个音很标准,但是放到句子里、段落里发这个音就露出了“马脚”,方音不改。其实,这很正常,也是学习过程中绕不开的问题。之所以出现这样的问题,一是普通话的正确读音记得不牢,二是练习的“量”还不够。因此,只有牢牢记住正确读音,加上多下功夫,持之以恒地练习,才能拥有一口漂亮的普通话。

思考练习题

一、学习普通话有哪些好处?请结合自己的体会说给身边的人听。

二、你在学习普通话时遇到了哪些困难?请举例说明。

三、试着读一读下面的词语,看看你能否分辨清楚:

男女—褴褛	牛油—流油	老虎—老夫
回家—肥大	江湖—糨糊	拉拢—牢笼
人—银	软—远	让—样

四、请选择《普通话水平测试实施纲要》“普通话水平测试用朗读作品”14号《和时间赛跑》进行以下练习。

1. 请朗读并录音,然后与示范朗读比较一下,听听有什么不同。

和时间赛跑

读小学的时候,我的外祖母去世了。外祖母生前最疼爱我,我无法排除自己的忧伤，每天在学校的操场上一圈儿又一圈儿地跑着，跑得累倒在地上，扑在草坪上痛哭。

那哀痛的日子，断断续续地持续了很久，爸爸妈妈也不知道如何安慰我。他们知道与其骗我说外祖母睡着了，不如对我说实话：外祖母永远不会回来了。

“什么是永远不会回来呢？”我问着。

“所有时间里的事物，都永远不会回来。你的昨天过去，它就永远变成昨天，你不能再回到昨天。爸爸以前也和你一样小，现在也不能回到你这么小的童年了；有一天你会长大，你会像外祖母一样老；有一天你度过了你的时间，就永远不会回来了。”爸爸说。

爸爸等于给我一个谜语，这谜语比课本上的“日历挂在墙壁，一天撕去一页，使我心里着急”和“一寸光阴一寸金，寸金难买寸光阴”还让我感到可怕；也比作文本上的“光阴似箭，日月如梭”更让我觉得有一种说不出的滋味。

时间过得那么飞快，使我的小心眼儿里不只是着急，还有悲伤。有一天我放学回家，看到太阳快落山了，就下决心说：“我要比太阳更快地回家。”我狂奔回去，站在庭院前喘气的时候，看到太阳//还露着半边脸，我高兴地跳跃起来，那一天我跑赢了太阳。以后我就时常做那样的游戏，有时和太阳赛跑，有时和西北风比快，有时一个暑假才能做完的作业，我十天就做完了；那时我三年级，常常把哥哥五年级的作业拿来做。每一次比赛胜过时间，我就快乐得不知道怎么形容。

如果将来我有什么要教给我的孩子，我会告诉他：假若你一直和时间比赛，你就可以成功！

2. 请在你的记忆中找出一段小时候的故事，讲给同学或家人听。

训练秘诀

找寻

——在历史的钩沉中，找寻先人的脚步

发现

——在祖国的版图上，知晓你所属方言的面貌特征

比较

——在方言与普通话的对应关系里，发现你语音上的不足

第二章 你想知道的和你应该知道的

一位南方人到东北某城市游玩,下火车后在街头茫然四顾,决定先找家宾馆住下,就近问一位报亭的老人:“老人家,您好!请问附近哪儿有宾馆呀?”老人非常热情,连说:“贼多,贼多!”南方人一听,二话不说,扭头进了火车站,买张票,走啦!

大家一定深有体会,上大学期间,那些在演讲、朗诵之类的活动中表现突出的同学,总会让大家羡慕不已。大家羡慕他们的激情,羡慕他们的音色,还羡慕他们能说一口标准、漂亮的普通话。

的确,我们学习普通话的热情似乎从来都不曾减退。1994 年,国家语委制定了《普通话水平测试等级标准》和《普通话水平测试大纲》后,有了具体量化的测试标准,人们开始追求在每一个环节上的规范。

何为普通话

普通话的“普通”不是“普普通通”,而是“普遍通用”的意思。

◈ 普通话的定义:

以北京语音为标准音,以北方话为基础方言,以典范的现代白话文著作为语法规范的汉民族共同语。

具体讲解一下吧。

◈ 以北京语音为标准音——针对语音而言,指的是以北京话的语音系统为普通话的语音标准。

自元代以来,北京就是中国政治、经济、文化的中心,明清时期的“官话”、五四运动之后的“国语运动”,都极大地促进了北京语音在全国范围内的传播,从而确立了北京语音为标准音的地位。

那么,北京话是不是就是普通话呢?它们之间可以画等号吗?这个问题先放

图 2-1　普通话——情感的纽带，沟通的桥梁！

在这儿，你也可以先想想，在下面的文字中，我们会有解释。

◈ 以北方话为基础方言——针对词汇而言，指的是以北方词汇为普通话的标准词汇。

北方话分布区域最广，使用人数最多，影响也最大，因而成为普通话的基础方言也就顺理成章。

当然，以北方话为基础方言，不等于所有北方话当中的词汇都可以在普通话里“登堂入室”，也不等于非基础方言的词汇就难以“入编”成册。比如，北方话当中，有的地方将“傍晚”说成“晚半晌”，将“馒头”称为“馍馍”，普通话里就没有采用；南方方言中的“搞”“尴尬”“噱头”等，现在也流行开来。另外，“沙发”“打的”“写真”“色拉油”等外来词，也以一些方言为中介加入了普通话词汇的行列中。

◈ 以典范的现代白话文著作为语法规范——针对语法而言，“典范”摒弃的是一般、普通，“白话文”排除的是“文言文”，“著作”指的是普通话的书面形式。所以，我们应该清楚，只有那些大家公认的现代优秀作家、理论家的优秀作品，以及国家发布的各种书面文本，才堪称“典范的现代白话文著作”，也才得以成为普通话语法标准的依据。

◈ 汉民族共同语——指的是整个国家各民族通用的语言。

其实，“共同语”一词不是现在才有的，古已有之。不过那个时候，称作“雅言”。当然，古时候的“雅言”指的可不是我们现在说的普通话。

众所周知，汉族又叫华夏民族。“华夏”一词最早见于西周《尚书·周书·武成》，“华夏蛮貊，罔不率俾”。关于“华夏”有两种说法。一是，“华”即花，“夏”即繁荣、茂盛，“华夏”民族也就是“花一样繁荣茂盛”的民族。二是，启建立夏后，国人自称为夏族。后来，中原夏人为了有别于周围夷、狄、戎、蛮等文化相对落后的族裔，便在“夏”字前面加上了一个“华”字，以显示本族文明开化、文化发达之意。

不论哪种说法，有一个事实是毋庸置疑的：一个民族在其成长壮大的历史过程中，必定有一种超乎寻常的凝聚力，这种凝聚力包括共同语言、共同情感、共同文化、共同经济、共同疆域。华夏民族的共同语，当时就叫作“雅言”，也就是“夏言”。《辞海·雅言》说：“雅言，古时称‘共同语’，同‘方言’对称。”

据史料记载，我国最早的“雅言”是以周朝地方语言为基础的，周朝的国都丰镐（今西安西北）地区的语言为当时全国的“雅言”。《诗经》的语言用的是“雅言”，孔子给他的弟子讲学，用的也是“雅言”——孔子在鲁国讲学，“弟子三千”，来自全国各地，虽然孔子是山东人，但他的课堂语言并不是山东话，而是大家都能听懂的“雅言”。《论语·述而第七》中说：“子所雅言，《诗》、《书》、执礼，皆雅言也。”

不同时期的“共同语”或“通行语”

我们需要知道的是，历史上不同时期的“共同语”或“通行语”有一定的继承性，同时因为政权变迁、定都不同等因素的影响，也在不断发展变化。那么，每个朝代的通行语一般是怎么确定的呢？一般是按照定都的地点来定，都城在哪里，那这个朝代就使用这里的话作为官方通行语言。当然，也有例外。

下面这段文字根据李新魁《汉语共同语的形成和发展（上）》[①]《汉语共同语的形

① 李新魁.汉语共同语的形成和发展：上[J].语文建设，1987(5)：14-21

成和发展(下)》[①]以及相关资料整理而成,可以让我们简略了解共同语的形成和发展轨迹,看看历史上有哪些方言成为当时的官方通行语,它们和你的家乡话有关联吗?

◆ 上古时代

官方通行语:古代雅言。

商朝,共同语开始萌芽。

商族迁到殷墟后,以殷墟为中心形成了共同语。

周族征服了商族后,开始了商周两族语言的融合,出现了“华族”,也出现了相应的“华夏语”。

西周时,河南洛阳一带的语言已经很有势力;东周迁都洛阳,时洛阳话便进一步发展成为共同语,被称作“雅言”。

◆ 秦汉两朝

官方通行语:古代雅言。

秦始皇结束了战国分裂割据的局面,实行中央集权制和郡县制,并开始大规模移民,推行戍边、开拓疆域等措施。这些大规模的行动大大促进了人口流动和中原共同语在各地的传播及使用。

汉朝统治的几百年间,汉民族共同语有了稳定的发展。

西汉初期曾定都洛阳,不久迁至长安。共同语基本上以河洛一带的语言为基础。

东汉以洛阳为帝都,时洛阳话仍为共同语,中原音为代表,也称“正音”“雅言”“通语”。

◆ 魏晋南北朝

官方通行语1:北方雅言(时洛阳雅言)。

官方通行语2:南方雅言(时建康雅言)。

北朝标准音是北方雅言,以当时的洛阳话为标准,当然和今天的洛阳话差别还

① 李新魁.汉语共同语的形成和发展:下[J].语文建设,1987(6):11-18

是比较大的。

南朝标准音是南方雅言,以当时的南京话为标准,但也与今天的南京话不同源。

南北朝时,语音雅正甚为人们所重视。《南史·胡谐之传》记载,胡谐之的家人语音不正,皇帝知道后,专门派宫人前往他家中教授正音。当时,语音不正的人,为人们所轻视;而那些能使用"正音"的人,往往得到人们的称赞。

◆ 隋朝

官方通行语:北方雅言(时洛阳雅言)。

隋朝统一中国,以洛阳为都。陆法言编《切韵》,以金陵雅音和洛阳雅音为基础正音,是兼顾南北的音系。

◆ 唐朝

官方通行语1:北方雅言(时洛阳雅言、长安雅言)。

官方通行语2:南方雅言(时苏州吴音、金陵雅言、扬州吴音)。

唐朝以长安为都,但以洛阳为"神都""东都",因此,洛阳的语音仍被人们视作共同语的标准音。唐人李涪在《刊误》一书中说:"凡中华音切,莫过东都,盖居天下之中,禀气特正。"

唐朝时,在《切韵》的基础上修订而成的《唐韵》也是兼顾南北的音系。

◆ 宋朝

官方通行语1:北方雅言(时洛阳雅言、开封雅言)。

官方通行语2:南方雅言(时临安雅言、平江吴音、金陵雅言)(临安即今天的杭州,平江即今天的苏州,金陵即今天的南京)。

北宋时,河南的汴京(今开封)是京都。汴京与洛阳相距不远,汴京语与洛阳话也相去不远,因此,洛阳、开封一带的语音被作为标准音,一般被称为"中原雅音"。

南宋时,金人南侵,宋室南渡。当时的中原共同语出现了两种情况,一是江北的共同语随宋室南迁传入临安,二是金人侵占中原后,中原正音开始为金人熟习。

宋朝，在《切韵》《唐韵》等韵书基础上修订而成的《广韵》同样是兼顾南北的音系。

◆ 元朝

官方通行语1：蒙古语。

官方通行语2：大都话。

元代，由于共同语广泛传播，出现了“四海同音”的现象。《中原音韵》上记载：“惟我圣朝兴自北方，五十余年，言语之间，必以中原之音为正……以中原为则，而又取四海同音而编之。”

◆ 明朝

官方通行语：南方官话（时南京官话）。

明永乐年间迁都北京，南京音成为当时北京语音的基础，南京官话则通行于整个明朝。

明朝初年，明太祖朱元璋鉴于唐宋音韵在长江以北多有失正，命参考中原雅音正之，编纂成《洪武正韵》。《洪武正韵》继承了唐宋音韵体系，作为明太祖兴复华夏的重要举措，在明朝影响广泛。

◆ 清朝

官方通行语1：南方官话（时南京话）。

官方通行语2：北方官话（时北京话）。

清前期，官话甚为流行，并且范围不断扩大，东北、西南、江淮一带已为官话所覆盖，四海同音越来越显著。这个时期共同语的语音仍以河洛语音为正音。

清中期，逐渐有人推崇北京语音，提出以北京语音为共同语的正音。北京语音逐渐显示出它重要的地位。《古今音韵通转汇考》：“国朝建都于燕，天下语音首尚京音……”

之后，北京语音开始真正替代中原音，成为正音。

雍正年间（1728年），清设正音馆，取消南京官话的标准音地位，确立北方官话的官方地位。1909 年,清设立“国语编审委员会”,将当时通用的官话正式命名为国语。

◆ 民国

官方通行语 1:老国语(北京话)。

官方通行语 2:新国语(北京话)。

老国语类似于今天的北京话,兼顾南北官话,带有入声。

新国语与今天的普通话相差不大,无入声。

图 2-2 北京胡同

北京话≠普通话

作为普通话语音标准依据的北京话,并不等于普通话。

这个问题似乎有些不好理解,我们举几个例子,你就会明白的。

在评价一位女孩儿的长相时,我们可能会说“较清秀”。这话要是让一位北京人来说,也许他会说成 jiǎo qīngxiù。听话的人这时候就容易犯糊涂了:是说女孩儿的脚长得清秀、好看吗？

再比如，北京话把“邮局”yóujú 读作 yōujú，把“办公室”bàngōngshì 读作 bàngōngshǐ，把“附近”fùjìn 读作 fǔjìn，把“侵略”qīnlüè，读作“qǐnlüè”，等等。

除了这些异读音之外，北京话当中还有一些土音，比如：老北京人把连词“和”hé 说成 hàn（这下你明白了很多台湾演员、主持人将“我和你”说成“我 hàn 你”的原因了吧），把“蝴蝶”húdié 说成 húdiěr，把“告诉”gàosu 说成 gàosòng。另外，在碰到两个第四声相连的词语时，有些北京人往往会把第一个字变成第二声，如把“打电话”读成“打 dián 话”。

如果要说北京人说普通话最不标准的地方，当数北京话中的“吃字”现象。尤其是三音节词，比如“老师好”“公主坟”，很多人说话时经常省略中间的那个字。

北京话尖团音不分、儿化音较多，还有一些独有的词汇，形成了风趣、俏皮、幽默的方言特点，受到不少人的喜欢。尽管如此，北京话也不过是具有特殊地位的一种方言罢了。因此，北京人学习普通话同样要纠正不少语音问题，也要花费一定的气力。比如：

【普通话】这里上学太贵了，我父母经济能力承受不起。

【北京话】这儿念书忒贵了，我们(en men)家老家儿挑费不起！

【普通话】你要识时务，跟人家道个歉吧。

【北京话】胳膊(bei)拧不过大腿，服个软儿就完事儿了。

【普通话】你不要耍小聪明，对朋友要仗义。

【北京话】你甭抖机灵儿，弄那猫儿腻干吗啊？跟兄弟少耍点儿鸡贼，忒不局气！

【普通话】别说了，踏实一点，正经一点。

【北京话】歇菜吧你，消停儿的，没个正形儿！

【普通话】不要绝望，天无绝人之路。

【北京话】发昏当不了死儿，老天爷饿不死那(nei)瞎家雀儿（qiaor）！

【普通话】您帮我看看这东西，我不懂行。

【北京话】您给瞜瞜(lou)这玩意儿，我怕走了眼。

【普通话】你不要以为不说话事情就可以瞒过去。

【北京话】甭不言语，就您那点儿花活儿，蒙谁呢！

【普通话】你不要绕弯子,说话啰啰唆唆的,到底想怎么样?

【北京话】你起什么腻啊,磨磨叽叽,有事儿说事儿!

何为方言

你所在的小群体——比如班级、部门、公司——共有多少人?他们都来自什么地方?

调查后,也许你会发现,他们来自不同的区域:北京的、上海的、广州的、天津的、重庆的、江西的、山西的,等等。如果让大家用自己的家乡话说话,你还会发现,虽然都属于汉语这个大的体系,但是听觉上却很不同,甚至会有听不懂的情况。

这种同属一种语言,却由于语音、词汇、语法等方面的差异而在不同地区形成的地域分支,就叫作"方言"。

《现代汉语词典》关于"方言"的解释是:一种语言中跟标准语有区别的、只在一个地区使用的话。①

其实,方言又可以说是语言的地方变体。根据性质,方言可分为地域方言和社会方言。地域方言是语言因地域方面的差别而形成的变体,是全民语言的不同地域上的分支,是语言发展不平衡性在地域上的反映。社会方言则是同一地域的社会成员因为在职业、阶层、年龄、性别、文化教养等方面的社会差异而形成的变体。

那么,方言与你有什么关系呢?方言与你学习普通话又有什么关联呢?

解答这个问题,我们分三步。

第一步,找一找。

找一张中国方言地区分布图,找到你的祖籍所在地以及你现在的居住地,看看它们分别属于哪个方言区。

第二步,看一看。

知道了自己所属的方言区,更应该知道自己所属方言区的一些基本情况,见表2-1。

---

① 中国社会科学院语言研究所词典编辑室.现代汉语词典:第7版[M].北京:商务印书馆,2016:367.

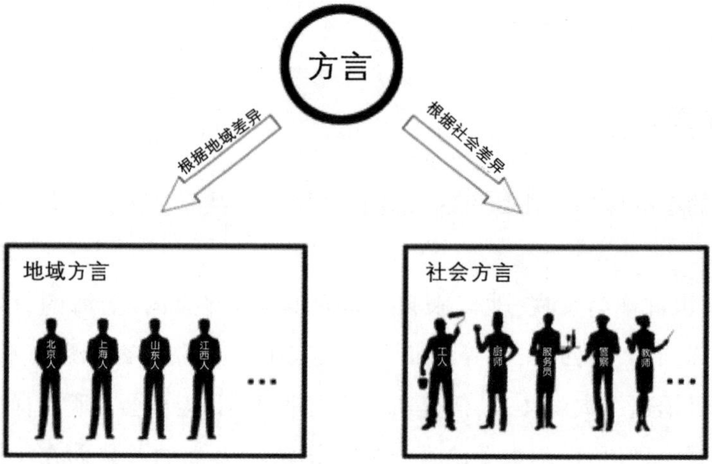

图 2-3　方言分类

表 2-1　中国方言区基本情况

方言区	主要分布区域	代表话	人口比例
北方方言	东北、华北、西北、西南、江淮一带	北京话	73%
吴方言	上海、安徽南部、江苏南部、浙江大部分地区	上海话（苏州话）	8%
湘方言	湖南、广西北部	长沙话	4%
赣方言	江西大部分地区、湖南东部、安徽西南部	南昌话	2%
客家方言	广东东部和北部、福建西部、江西南部、广西东南部、台湾、四川	广东梅县话	4%
粤方言	广东、广西、香港、澳门	广州话	5%
闽方言	福建、台湾大部分地区、广东东部及西南部、海南、广西东南部、浙江东南部	闽南：厦门话 闽北：福州话	4%

我国现代汉语共有七大方言区，它们分布的区域很广，差异也很大。其差异主要表现在语音、词汇、语法等方面，而尤以语音方面的差异最为突出。所以，才有了各方言区的人相互难以通话的现象，也才有了我们听到的各种各样的小笑话、小故事。

第三步，想一想。

《陶罐和铁罐》是人教版《语文：三年级上册》的一篇课文，请你分别用普通话和你所在区域的方言朗读一遍,并请录音。

陶罐和铁罐[①]

国王的御厨里有两个罐子,一个是陶的,一个是铁的。骄傲的铁罐看不起陶罐,常常奚落它。

“你敢碰我吗？陶罐子!”铁罐傲慢地问。

“不敢,铁罐兄弟。”陶罐谦虚地回答。

“我就知道你不敢,懦弱的东西!”铁罐说,带着更加轻蔑的神气。

“我确实不敢碰你,但并不是懦弱。”陶罐争辩说,“我们生来就是盛东西的,并不是来互相碰撞的。说到盛东西,我不见得比你差。再说……”

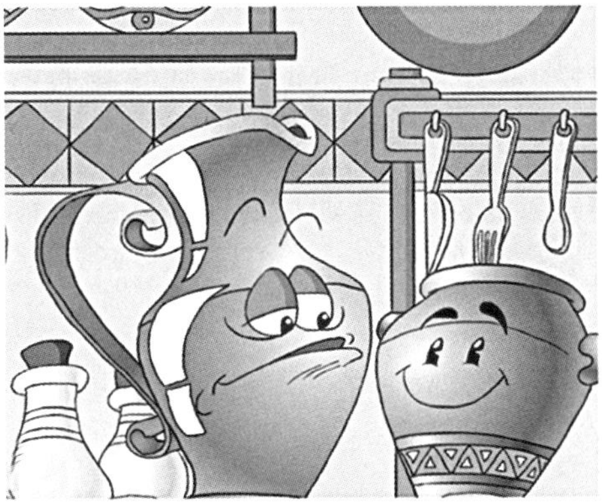

图 2-4 陶罐与铁罐

“住嘴!”铁罐恼怒了,“你怎么敢和我相提并论！你等着吧,要不了几天,你就会破成碎片,我却永远在这里,什么也不怕。”

“何必这样说呢?”陶罐说,“我们还是和睦相处吧,有什么可吵的呢!”

“和你在一起,我感到羞耻,你算什么东西!”铁罐说,“走着瞧吧,总有一天,我要把你碰成碎片!”

陶罐不再理会铁罐。

时间在流逝,世界上发生了许多事情。王朝覆灭了,宫殿倒塌了。两个罐子遗落在荒凉的场地上,上面覆盖了厚厚的尘土。

---

① 黄瑞云.陶罐和铁罐[M]//课程教材研究所,小学语文课程教材研究开发中心,语文:三年级上册.北京:人民教育出版社,2003:107-109.

许多年代过去了。有一天，人们来到这里，掘开厚厚的堆积物，发现了那个陶罐。

“哟，这里有一个罐子！”一个人惊讶地说。

“真的，一个陶罐！”其他的人都高兴地叫起来。

捧起陶罐，倒掉里面的泥土，擦洗干净。它还是那样光洁、朴素、美观。

“多美的陶罐！”一个人说，“小心点儿，千万别把它碰坏了，这是古代的东西，很有价值。”

“谢谢你们！”陶罐兴奋地说，“我的兄弟铁罐就在我旁边，请你们把它也掘出来吧，它一定闷得够受了。”

人们立即动手，翻来覆去，把土都掘遍了，但是，连铁罐的影子也没见到。

在听两段录音的时候，请你从最直观的角度比较普通话和方言的差异。

接下来，需要你琢磨的是，你所在区域的方言与普通话在语音、词汇、语法上的差异有哪些？因为这些差异，你在说普通话时应该注意些什么呢？

请认真想一想！

下面给你一些线索吧。

◆ 北方方言

北方方言的通行区域最广，约占汉语通行区域的3/4；使用人口也最多，约占汉语使用人口的3/4。

从东北的满洲里到西南的昆明，直线距离约3 000公里；从西北的酒泉到东南的南京，直线距离约2 000公里，在这样大的范围内，人们沟通基本上没有什么大的问题。这是为什么呢？

因为北方方言内部的一致性比较强，语法结构、词汇方面的差别都比较小，尤其是语音方面的分歧不是很大，所以才产生了这样大面积范围内语言保持高度一致的现象。

北方方言在语音方面的主要特点：

1.没有浊塞音、浊塞擦音声母，古代汉语中的这些浊音声母都变成了清音；

2.辅音韵尾很少，只有舌尖前鼻音韵尾（-n）和舌尖后鼻音韵尾（-ng）两个辅音韵尾；

3.与其他方言相比，北方方言的声调较少，有阴平、阳平、上声、去声 4 个，没有入声。

由此可见，说北方方言的人，学说普通话要容易一些。但即便如此，也需要正音，也有一些注意事项。

比如，北京人说普通话的注意事项①：

1.注意把每个字的字音都说清楚，不要“吃字”。特别是三音节词，中间的那个字要说清楚。如：电视台、老师好、北新桥、公主坟等。

2.不说北京话的土音。如：“往东”普通话读“wǎng 东”，北京土音却读成“wàng 东”。

3.注意异读词的正确读音。如：“质量”（zhì 量）不是“zhǐ 量”，“办公室”（办公 shì）不是“办公 shǐ”，“处理”（chǔ 理）不是“chù 理”。

4.别把 w 发音为 v。有的人常把“文化”错说成“vén 化”，“新闻”说成“新 vén”。

5.注意不要有尖音，尤其是注意不要把 ji、qi、xi 读成 zi、ci、si。

6.注意两个第四声的字相连的时候，第一个字不要变成第二声。如：有些人把“打电话”读成“打 dián 话”。

7.尽量少一点儿化和轻声，能不儿化和轻声的就不读作儿化、轻声。如：“上班”不必说成“上班儿”，“西瓜、白菜”也不必读成轻声。

比如，东北人说普通话的注意事项：

1.注意区分平翘舌音。其实，东北方言中平舌音和翘舌音都有，但是在使用上与普通话很不相同，二者常常混用。如：市长—司长，主力—阻力。

2.注意声母 r。普通话当中 r 声母音节，在东北方言中多被 n、l 和 y（零声母）替代。如：“儒”rú，读成 lú；“蕊”rǔi，读成 lǔi；“人”rén，读成 yín；“肉”ròu，读成 yòu；“嚷”rǎng，读成 yǎng。

3.注意韵母中 e 替代 o、iao 替代 üe 的现象。在普通话当中，双唇音声母和唇齿音声母直接与圆唇音的单韵母 o 相拼，不与单韵母 e 相拼。而东北话正好相反，

---

① 罗德宏.北京市语委办表示部分北京人普通话不标准[N].北京晨报，2005-9-20.

双唇音声母和唇齿音声母都只和 e 相拼，不与 o 相拼，导致东北话里没有 bo、po、mo、fo 音节，有的是 be、pe、me、fe 音节。所以，有的东北人将“波浪”的“波”bō，读成 bē；“衣服破了”的“破”pò，读成 pè；“抚摸”的“摸”mō，读成 mē；“大佛”的“佛”fó，读成 fé。

另外，东北话里少有或是没有韵母 üe，而是用 iao 代替。比如，“学习”的“学”xué，读成 xiáo；“喜悦”的“悦”yuè，读成 yào；“疟疾”的“疟”nüè，读成 niào。

这两种现象在东北话中很普遍，也很显著，但只要找出对应关系，应该是很容易解决的问题。

4.注意调值不够的问题。调值不到位，是东北人学说普通话时遇到的一个非常头疼的问题。

什么是调值不到位呢？我们来看看普通话与东北话的调值对应（见表 2-2）。

表 2-2　普通话与东北话的调值对应

	普通话调值	东北话调值
阴平（第一声）	55	相当于 44
阳平（第二声）	35	相当于 24
上声（第三声）	214	相当于 213
去声（第四声）	51	相当于 42

这张表格很清楚地告诉我们，在调值上，普通话与东北话的整体趋势是大体一致的，但是每类声调的起止点却有着明显的差别。因此，调值低是东北话当中一个明显的特点。东北人学说普通话，必须在调值调整上花大力气。

◆ 吴方言

吴方言也称吴语，“吴”是古代地域名称的沿用。

吴方言在语音方面的突出特点是：

1.有一整套浊音声母，有浊塞音和浊塞擦音；

2.没有舌尖后音声母，也就是没有翘舌音；

3.普通话复韵母的韵尾脱落变成单元音韵母，导致单元音丰富；

4.声调按清浊分为两组，一般有 7 到 8 个，但上海市区只有 5 个。

大多数上海人对上海话这一极富地方特色的语言情有独钟。然而，上海话的频繁使用给公共场合的沟通带来诸多不便。2010 年为迎接世博会的召开,也为了提升上海市民的普通话水平,上海市政府提出了“争做可爱上海人”的口号,并开设了普通话训练课。除定期对服务行业从业人员进行测试之外,上海地区普通话水平等级标准有两种情况还高于国家标准:一是语文教师、幼儿园教师为二级甲等以上;二是 1965 年以后出生的公务员为二级乙等以上。

上海人学说普通话,主要注意以下几点:

1.注意平舌音和翘舌音的区别。上海话当中没有平翘之分,普通话声母为 zh、ch、sh 的音节,在上海话里都读成了 z、c、s。因此,有的上海人将“吃饭”读作 cīfàn,容易被误解为“粢饭”;将“世博会”的“世”读作 sì,也容易让人误解为“四博会——第四届博览会”。

2.注意分清前后鼻韵母。与没有平翘之分一样,上海话里也没有前后鼻韵母之分,基本都读成前鼻韵母,或是不前不后的“中鼻音”。比如,“精”“零”“英”“更”“梦”等,都读成前鼻韵母。这恐怕是上海人学说普通话最大的难点了。其中,最不容易分辨的是 in、ing 和 en、eng 这两对鼻韵母。

3.注意 ai、ei、ao、ou 等韵母的正确发音。普通话中这类韵母的发音在上海话里都成了单元音。比如,“好多”一词,上海话听起来像是“虎都”。要想杜绝这类问题的出现,关键要认真完成复韵母发音的动程,不偷懒,让发音真正到位。

4.注意轻声和儿化。轻声是普通话语流音变中的一种特殊现象,指的是有些词里的音节,失去了原有的声调而念成又轻又短的调子。儿化也是普通话当中的一种音变。上海人在说普通话的时候常常处理不好轻声,“舌头”shétou 没有轻声,读成了 shétóu,容易被误解为“蛇头”。上海人一般不发儿化音。一方面,因为上海话本身极少有儿化词;另一方面,卷舌 r 这个动作对大多数方言区的人来说都比较难。

◆ 湘方言

湘方言主要分布在湖南省的大部分地区,通常被分为老湘语和新湘语两类。

老湘语分布在衡阳、湘乡、邵阳一带,受外部方言影响较小;新湘语主要通行于长沙和湘北,以长沙话为代表,更接近于北方话。新老湘语之间互通程度较低。

湘方言主要的语音特点是：

1.声母 f、h 不分，ch、q 不分，sh、x 不分，n、l 混用；

2.没有翘舌音；

3.鼻韵尾多-n 少-ŋ；

4.声调数目一般是 5 到 6 个，大部分有入声。

长沙人学说普通话，主要注意以下几点：

1.注意几组声母的正确发音。长沙人习惯把 zh、ch、sh 说成 z、c、s，n、l 不分，f、h 也不分。如果能够将"甘蔗、汽车、老师，妮子—李子、男上衣—蓝上衣、化肥—发挥"读正确，那你应该是非常了不起的。

2.注意后鼻韵的正确发音。先试着读读下面几个词：

肮脏　成功　银行　雄伟　用途

怎么样，你是否能够读正确？

尽管长沙话中声母有 23 个，韵母有 41 个，都多于普通话，但后鼻韵丢失，基本都读成前鼻韵。所以，读上面几个词，要格外注意后鼻韵的发音。

3.注意声调。普通话有四个声调，没有入声。但长沙话保留了入声，这是古汉语的一个明显特色。湖南师范大学曾毓美教授介绍说，长沙话保留了一些古汉语的音韵特点，比如它有入声，而普通话里没有。"'呷'这个字就是入声，还有数字的一、六、七、八，都是，有个例句，叫'岳麓山上有六只绿色的梅花鹿'，这句话里面凡是发'六'音的，都是入声。"①

再比如，以下每一对汉字，在普通话里不但发音相同，声调也是相同的，但在长沙方言中声调是不同的，每对汉字中的第二个都读作入声：

衣—一　　巴—八　　妻—七

乌—屋　　蔬—叔

◆ 赣方言

赣方言又称赣语，是汉语七大方言区中通行面积较小、使用人口最少的一种方言。

---

① 佚名.长沙话，你慢些变[J].晨报周刊，2009(65).

需要说明的是，赣方言并非“江西话”，江西省境内除赣方言外，还有客家方言、吴方言和江淮官话，江西的邻省也有赣方言。

赣方言处于吴方言、北方方言、湘方言、客家方言、闽方言的包围之中，这种地理位置是汉语所有方言中最为独特的。因此，赣方言受其他方言的影响很大，界线也很不明显，导致特点不突出。难怪有人说，没有特点成为赣方言最大的特点。

在语音方面，赣方言的主要特点是：

1.清音多，浊音少。古代的浊塞音和浊塞擦音声母全部变成了同一发音部位的送气清音，而不是像普通话那样平声送气，仄声不送气；

2.平翘不分；

3.f-h、n-l 混淆；

4.几乎没有后鼻韵，基本都读成前鼻韵；

5.有入声。

比如，作为赣方言代表的南昌话，在声调上与普通话的主要差异是：

第一，南昌话中声母是否送气影响调类分化。这一现象在全国汉语方言中并不多见。比如，普通话中“铜”“农”，尽管一个送气，一个不送气，但声调相同；可是在南昌话里，由于“铜”字送气、“农”字不送气，于是两个字的声调也不相同了，“铜”为阳平，“农”近似阴平。普通话中“再”“菜”，尽管一个不送气，一个送气，但声调都是去声；而在南昌话里，由于“再”不送气，“菜”送气，于是，“再”读作阴平，“菜”读作上声。

第二，现在的南昌话声调有 6 个，有入声；一些地方仍然保持 9 调的格局。

柳宗元有首著名的诗《江雪》：

千山鸟飞绝，万径人踪灭。
孤舟蓑笠翁，独钓寒江雪。

用今天的普通话念，“山”与“径”、“飞”与“踪”似乎都“失对”了，而且它的仄脚韵与我们经常所见的平脚韵格律诗相差甚远，读起来常使人觉得怪怪的，比较别扭。可是用南昌话念这首诗，情况就大不一样了，能立刻产生一种抑扬顿挫的、音乐般的节奏感，朗朗上口，非常好听，自有一番韵味。这里“绝”“灭”“雪”在南昌话里都念成上入声，而那个“独”字一定要念成下入声。①

另外，南昌话中还保留了很多古汉语的词汇，比如，“谈话”为“话事”，“多少”为“几多”，“脏”为“腌臢”，“青蛙”为“蛤蟆”，“懂了”为“晓得”，“一个”为“一只”，“家”为“屋”，“睡”为“困”等，以至于一些汉语史研究学者把赣方言称为古代汉语词汇的“活化石”。②

◆ 客家方言

客家方言又称客方言、客话、客家话。

客家方言主要通行于广东东部和北部地区、广西东南部、江西南部、福建西部，以及湖南、四川、台湾的部分地区，海外有马来西亚、新加坡、印度尼西亚等地。

客家方言与其他六大方言最大的不同，或者说它最大的特点，即它是客家民系的共同语。我们知道，一个民系③成立的重要因素之一是要有共同的语言，客家民系的共同语言就是客家方言。从这个角度而言，客家方言是联结大陆各省乃至海外华人地区客家人之间的重要纽带，意义非同寻常。

一般认为，客家话比较多地保留了古汉语的一些特性，比如有完整的入声韵尾[-p][-t][-k]。所以，如果你会客家话，不妨尝试用客家话为你周围的朋友朗诵唐诗或是宋词，你和你的朋友会惊喜地发现——在韵律方面，客家话比普通话要吻合得多呢！

客家方言主要的语音特点是：

1.清音多，浊音少。古全浊声母，不论平声仄声，大多变读为送气清音声母，这一点与赣方言一致；

2.平翘不分；

3.f–h 相混；

4.g、k、h 和 z、c、s 可以同齐齿呼韵母相拼。客家方言有一个丰富而复杂的韵

---

① 郑克强.南昌话趣谈[EB/OL].(2009-11-05)[2011-07-15].http://blog.jxcn.cn/index.html.

② 郑克强.南昌话趣谈[EB/OL].(2009-11-05)[2011-07-15].http://blog.jxcn.cn/index.html.

③ 民系，指一个民族内部的分支，分支内部有共同或同类的语言、文化、风俗，互相认同。民系使用仅限中国大陆。它由广东学者罗香林因汉族等庞大的民族随时代和环境的变迁而逐渐分化形成微有不同的亚文化群体现象而创立。现汉族民系可分为东北民系、客家民系、广府民系等。

母体系，它保持着中古汉语中存在的 m、n、ng、p、t、k 6 种韵尾，相当整齐。这便是为什么用客家话吟诵唐诗宋词比用普通话吟诵，韵律上感觉要和谐得多的原因所在；

5.客家方言“四呼不齐”，因为它没有撮口呼韵母；

6.声调一般有 6 个，有入声。

民间流传这么一个笑话：一对新人结婚后的第一天清晨，一家人起床洗脸。新娘恭恭敬敬地对婆婆说：“婆婆，请您先死（洗）。”说完，新娘又对新郎说：“婆婆死（洗）了，你死（洗）好吗？”停了停又说：“婆婆和你都死（洗）了，最后我死（洗）。”婆婆听后，脸色铁青，一句话也说不出。新娘又说：“婆婆，您怎么还不死（洗）呢？”

那么，客家人在学习普通话时，应该注意些什么呢？

请你读下面几组字、词自我测试一下，看看是否能够发音标准。

（1）周折　主张　着重　执照
长城　橱窗　车床　成熟

（2）方法—谎话　反复—黄昏　犯法—恍惚
开发—开花　老斧—老虎　废话—胡话
化肥—发挥　分离—婚礼　复辟—货币

（3）女—你　驴—梨　雨—以
居—积　去—器　许—洗
具体　预检　区别　举行

（4）经营　零星　平静　姓名　命令
申明—声明　瓜分　刮风　真诚—征程
开门—开蒙　枕套—整套　审视—省市

（5）昆虫　荒唐　当然　春节
导游　拿来　回去　夹杂
同学　白云　民航　流行

你读对了吗？

测试提示：

第一组，全是翘舌音。

在客家方言里，只有 z、c、s 而没有 zh、ch、sh，“史”（shǐ）与“死”（sǐ）不分，

“找”（zhǎo）与“早”（zǎo）不分，“重（chóng）”与“从（cóng）”不分，等等。

第二组，是声母 f 与 h 的区别。

声母是 f 的有：方法、反复、犯法、发、斧、废、肥、分、复。

f、h 形成擦音的成阻部位是截然不同的：“f”是上齿和下唇形成阻碍，“h”是舌根后部和软腭形成阻碍。

由此可见，从发音部位来看是不难纠正的。但客家人在发这两个音时容易出现混乱，一般容易将“f”音发成“h”音。

第三组，是韵母 i 和 ü 的区别。

韵母是 ü 的有：女、驴、雨、居、去、许、具、预、区、举。

客家方言中缺少撮口呼，容易把“小鱼”念成“小姨”，“泉水”念成“潜水”，“全面”念成“前面”，“预见”念成“意见”，“白云”念成“白银”，很多笑话就是这样产生的。所以，要特别注意撮口呼。

第四组，是前后鼻韵的区别。

前鼻韵的有：申、分、真、门、枕、审

后鼻韵的有：经营、零星、平静、姓名、命令

声、明、风、诚、征程、蒙、整、省

在客家方言中，“长针”与“长征”不分，“影子”与“引子”不分，“忠臣”与“忠诚”不分，“人名”与“人民”不分，等等。

另外，客家人对发 ing、eng 等部分后鼻韵总感到困难，那是因为在发这些韵母时，舌头后缩的力度不够，舌根也没有明显隆起贴近软腭的趋势。所以，客家人学说普通话，一方面要分辨清楚前后鼻韵的字词，另一方面还应该加强后鼻韵母的正确发音。

第五组，是声调的练习。

客家方言的声调一般有 6 个，最突出的特点就是有入声。这里的几组音节主要是客家人难发的一些声调组合。

我们要注意客家方言与普通话声调的对应关系，发好四声，尤其要注意阳平与上声的调值与调型。

◆ 粤方言

粤语是唯一一种发源于广东地区的汉语方言,也是在广东省占主流地位的方言,所以,又称作广东话,当地人叫“白话”。

粤语是汉语七大方言中语言现象较为复杂、保留古音特点和古词语较多、内部分歧较小的一种方言。

粤方言主要通行于广东省中西部地区、珠江三角洲地区、广西东南部地区和香港特区、澳门特区,以广州话为代表,也有主张以广州话和香港话为代表的。海外很多华侨和华裔也使用粤方言。因此,目前全球使用粤语的人数大约有1亿,其中广东约7 000万,广西2 000万,港澳和海外华人华侨约1 000万。粤语不仅在海外华人社区中被广泛应用,而且支持着以香港文化及南粤文化为中心的粤语文化,这使得粤语具有很强的影响力,可以说是目前世界上有着较强生命力的语言之一。

粤方言在语音上的主要特点是:

1.h都念成f;

2.z、c、s与zh、ch、sh以及j、q、x不分,只有z、c、s,j、q、x念成g、k、h;

3.声调丰富,广州话有9个声调;

4.有入声。

在2002年召开的首届全国普通话水平测试学术研讨会上,香港中文大学普通话教育研究及发展中心提交了《从普通话诊断服务看粤方言区人的语音难点》的调查报告。中心通过接受粤方言区普通话学习者的语音诊断方式,认为粤方言区的人学说普通话主要存在以下几个问题[①]:

1.阳平、上声区别模糊,尤其是上声调值不到位。

2.声母n、l互混。由于粤方言n、l不分,可能是矫枉过正,很多人容易把l读成n,比如将“旅、冷、零、蓝”都误读成n的声母。

3.h、k互混。

4.舌尖前音、舌尖后音及舌面音三组错误显著。这三组声母错读的原因,都是误用了粤方言的习惯来发音,“j、q、x读作舌叶音”“z、c、s有舌叶音色彩”“zh、

① 张励妍.从普通话诊断服务看粤方言区人的语音难点[C].全国普通话水平测试学术研讨会,2002.

ch、sh 部位靠前”三项犯错的人最多。例如，“就”jiù 读如粤语“招”，“三”sān 读如粤语“山”，“丑”chǒu 读如粤语“曹”。另外，平翘混读的错误也很明显。

5.元音发音不到位。单韵母发音不到位的情况最严重的是 e，其次是 a。其他韵母中的元音，如复韵母、鼻韵母也有发音不到位的。

6.前、后鼻韵互混。鼻韵母的错误，主要是后鼻韵母误读成前鼻韵母，其中，以 ang、eng 误读成 an、en 的情况为多。例如，“上”ang 混同“善”an，“良”iang 混同“连”ian，“朋”eng 混同“盆”en。

7.介音音节的错误。这个错误的发生，主要表现在以 i 为介音的音节。发音时，“i”音模糊，如将“皆”jiē 读成 je、把“奖”jiǎng 读成“掌”。

8.复韵母动程不够。不能完整地完成复韵母的音节，就是所谓的“动程不够”。比较常见的有 ou 韵母和 ao 韵母。如“肉”ròu 读成 ro，忽略归音；“包”bāo、“兆”zhào 尾音弱化，读音接近 bae、zhae。

9.普遍忽略轻声。轻声的错误分“轻声重读”“误读轻声”“轻声调值不准”三项，而忽略轻声或不能正确判断是否为轻声词语的情况则更为普遍。

10.其他音变均难掌握。

普通话的音变是粤方言区人学说普通话的最大难点。除了轻声外，儿化、“一”的变调、上声连续变调的错误也很严重。

看了上面列举的 10 个问题，你会不会有些紧张：哎呀，单是语音方面，就有这么多的问题需要注意、这么多的问题需要解决，太难了吧。

是啊，不可否认，粤语与普通话之间，无论是语音、词汇还是语法方面，都存在较大的差异，所以有人说“天不怕，地不怕，就怕广东人说普通话”。但还是那句话，只要扫除心理障碍，方法得当，再持之以恒，粤语区的人同样可以说一口标准、流利的普通话。

◆ 闽方言

闽方言又称闽语，俗称“福佬话”，是汉语七大方言中语言现象最复杂、内部分歧最大的一种方言。

闽方言主要通行于福建、海南、台湾以及广东潮汕地区和雷州半岛。

闽方言在语音上的主要特点是：

1.声母——闽方言各地的声母比较一致，大都只有15个，称为“十五音”系统。没有f声母，f读成h或p。

2.韵母——闽方言大多没有撮口呼韵母；各地在韵母方面存在着较大的差别。比如，闽南方言较为完整地保留了古音中的鼻音韵尾和塞声韵尾，闽东方言、莆仙方言保留较少，闽北方言和闽中方言则几乎已无塞声尾韵而只有鼻音尾韵了。

3.声调——闽方言各地都有入声调，声调数目为6到8个，以7个为多见。

4.闽方言中文白异读非常丰富，且文读与白读有体系性的差别。闽语受到历史上不同时期古汉语音韵反复多次重叠的影响。其中，闽南语被学术界认为是最接近上古汉语的现代汉语方言。

在汕头的一次招商大会上，主持人的一段“潮汕式普通话”，让很多现场的嘉宾一头雾水：

> 主持人：蕉伤大会项在开鼠，请领导花言。各位女婿乡绅们！瓦们散头，轰景买丽，高通荒便，山鸡很多，欢迎你来逃猪。瓦花展，你撞墙。①

要听懂这段话，是不是有一定的难度？

一方面，潮汕话是海内外语言学家关注研究的对象，因为它保留古音古词古义多，语言生动又富幽默感，与其他语言有着很大的区别；另一方面，潮汕话又是潮汕人之间维系感情的纽带，不论在国内海外，潮汕话都有着巨大的凝聚力。

上面这个小故事也告诉我们，潮汕人学说普通话会遇到很多问题，同样需要花费很大力气。曾经写过《潮汕方言与文化研究》《潮汕文化大纲》等著作的语言学家林伦伦先生就说过，潮汕人学习普通话语音的难点主要集中在声母、韵母、儿化、轻声等方面。

今天，你说普通话了吗

这是一个新媒体时代。互联网的快速发展打破了时间和空间的原有限制，社

① 普通话的意思是：招商大会现在开始，请领导发言。各位女士先生们！我们汕头，风景美丽，交通方便，商机很多，欢迎你来投资。我发展，你赚钱。

会交往中的传统模式被打破,微信语音、线上沟通,似乎已成为人们日常生活的一部分。

——在交往中,你说普通话吗?

这是一个"人人都有麦克风"的时代。来自信息技术革命的"互联网赋权",为更多个体提供了展示生活、线上工作的场所。抖音、快手、微视频,直播带货、各种自媒体上的UP主……

——面对镜头,你的普通话能打几分?

这是一个大数据时代。随着物联网的逐渐铺开,智能语音技术开始渗透到我们生活的方方面面。过去我们上网搜索需要的东西,靠打字输入,现在可以通过语音来输入。自从2010年苹果推出Siri系统、2014年亚马逊推出Echo音箱后,智能语音技术在各种生活场景的使用层出不穷。随着智慧酒店、智慧地产、智能养老以及智能冰箱、智能电视、智能抽油烟机等智能电器的发展,我们越来越多地使用语音。

——在智能家居的场景中,你的普通话会是人机对话的障碍吗?

之所以提出上面三个问题,是想提醒你:想要在今天这个时代生活得更加自在、美好,与时代同行,有一个重要条件,那就是说好普通话!

为什么这么说呢?

我们来看看专家给出的智能语音技术的核心示意图(图2-5):

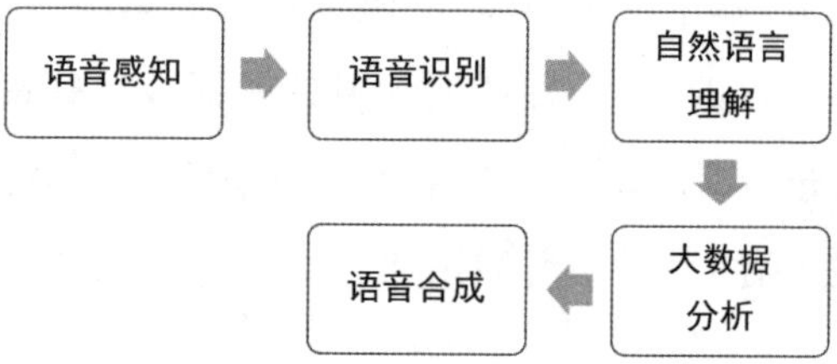

图2-5 智能语音技术的核心

从图2-5中我们可以看到,"语音感知"和"语音识别"是智能语音技术核心的基础。如果我们的普通话说得好一些,准确度高,后面的"自然语言理解""大数据分析""语音合成"的识别率就会高一些,人机对话也就更加自然、流畅。

如果说在过去普通话是播音员、主持人、教师、影视演员、导游、法官、律师、医生、护士、乘务员、服务员以及国家公务员等的职业语言，那么在现在，普通话就是我们每一个人生活、工作在这个互联网时代的必要语言。你的普通话说得越好，你在人机对话时、做自媒体时、享受智能生活时，AI 的语音智能转化率就会越高。

那怎么样能让自己的普通话说得好一点儿呢？

当然是——学习！与吃饭、睡觉、打喷嚏、哭啊笑啊不同，任何一种语言都是要经过学习才能够掌握的。有人说，学习是枯燥的。我们想说，学习是有规律可循的，也是有一定方法的。只要你掌握了它的规律和方法，你会发现，语言的学习是一件很神奇的事情。

在这里，再给你几个建议——

1.不过分爱面子，不害怕别人嘲笑。

“爱面子”是人之常情，无可厚非，但是在学习普通话的过程中，我们难免会有出错，甚至矫枉过正的时候，或是前后鼻不分，或是将不该翘舌的音读成了翘舌音，要不就是把不需要儿化的词加上了儿化，等等。这个时候，你需要的是“顶住”，心理素质一定要过硬。只要能“顶住”旁人有意无意的嘲笑，只要能持之以恒地坚持，一定会有豁然开朗的一天。

2.知晓自己所属方言与普通话之间的差别。

上面我们提到了几大方言与普通话之间的一些差别，但不同的地域，区别还是有所不同的。请记住一点，主要区别大多表现在语音上。所以，学会观察，勤于记录，善于思考，坚持练习，不断知晓自己所属方言与普通话之间的对应关系，找出差别，就能够及时纠正语音错误，做到发音规范。

3. 短期计划与长期训练相结合。

每个人在学习普通话的过程中，存在的问题一般都不止一两个。一次性解决，一口吃个胖子，都是不切实际的。所以，短期计划的制订就显得很有必要。

短期计划指的是在解决自己的不足与缺陷时，划分出一个时间段，用以解决一个问题。比如，可以先学会一些在生活中使用频率比较高的字、词，并不断使用，待真正熟练之后再逐渐扩大学习范围；也可以先解决平翘不分，再解决后鼻韵不到位，等等。

这种带有阶段性的短期计划的实施，循序渐进、各个击破，容易让我们看到学习效果，增强我们学习的自信心。

有人说，学说标准的普通话是技术，会说地道的普通话是艺术。要让“技术”转化为“艺术”，真正让语言鲜活起来，普通话的学习便成为我们生活中的一个长期训练任务。

4. 天天练习天天说。

天天练习？你也许觉得有些难以做到。

其实，不需要你拿出半天的时间或是几个小时的时间，需要的是你每天拿出20分钟或是半小时左右的时间，需要的是持之以恒！

不过，特别要提醒你的是，有针对性地纠正发音错误，一定要找一位发音标准的老师或朋友，否则，每天的练习很有可能是在“巩固”原有的错误。另外，选取自己喜欢的诗歌、散文等，题材不限，采取朗读的方式，每天读一两篇，坚持三个月左右，你就会看到变化——相信你愿意试试，愿意看到这个变化。

今天，你说普通话了吗？是的，天天练习天天说，这点对有些人来说可能不容易做到。但是，我们相信你，你能！

普通话的历史钩沉

◆“京国之争”

19世纪末，受西方学术思想的影响，尤其近邻日本明治维新前后把民族共同语命名为“国语”一事，使得“国语”一词在中国迅速传播开来。辛亥革命之后，“国语”得到当时政府的承认，成为我国民族共同语的一个正式称呼。

1913年2月15日，民国政府教育部在北京召开读音统一会。会上，南北之争激烈，难以形成统一认识。经过一个多月的讨论，会议依照清代李光地《音韵阐微》中的常用字审定了6 500多个字的标准读音。这就是通常所说的“老国音”。

“老国音”是一个“折中南北，牵合古今”的“标准音”。虽然在最大程度上照顾了各地的方言，但也因此成为一种“人造语言”。在现实生活中并不存在以这种“国音”为母语的人群，实际上没有人能够用这种“国音”进行沟通交流。

“老国音”诞生之时，袁世凯正为宋教仁案焦头烂额，顾不得推广国音。不久后，二次革命爆发，再往后，袁世凯复辟帝制，更没人去理会国音推广的事情了。直到 1918 年，教育部才正式公布了国音字母，正式在全国推广。1919 年，吴稚晖等编撰的《国音字典》出版；1920 年，国音字母发声唱片灌注成功。1920 年，国语推行不到两年就爆发了一场名为“京国之争”的大辩论，也就是“京音派”和“国音派”之间的大辩论。“京音”“纯以北京话为标准”，而“国音”“以京音为主，兼顾南北”。

“京国之争”大辩论的起因就在于国语标准音。因为在推行国语的热潮中，经常出现“京音”教员和“国音”教员互相争吵的现象。他们的国语听起来很不一样，很多字的读音也不统一，教的人觉得难教，学的人也觉得难学。于是有人发表文章，主张“注音字母连带国音都要根本改造”，应“先由教育部公布合于学理的标准语定义，以至少受到中等教育的北京本地人的话为国语的标准”。这个主张得到许多人的支持，特别在南方引起了强烈的反响，人们纷纷开会响应，甚至通过决议：“不承认国音，主张以京音为标准音”“请教育部广征各方面的意见，定北京语音为标准音”，等等。

在“京（音）国（音）问题”的讨论中，绝大多数人都认同了由几百年的发展所形成的历史事实，即“中国语言的心”（刘复语）应该建立在“京语身上”。

1924 年，国语统一筹备会讨论《国音字典》的增修问题时，就“决定以漂亮的北京语音为标准音”“凡字音概以北京普通读法为标准”，同时国音的修改被编成了四句歌诀：

万、兀、广不用咯；
ㄗㄘㄙ无齐撮；
ㄛ无开齐ㄝ不开；
入声分到四声来。

1932 年，教育部公布《国音常用字汇》，正式确定“新国音”为标准读音。

“新国音”确立后，南京国民党政府借助学校教育和电影、广播等手段，大力推行国语统一运动，取得了非常显著的成绩。然而，1937 年抗日战争全面爆发，沦陷区的国语统一工作陷入停顿。抗战结束后，紧接着又是三年国内战争。因而，直到国民党败退台湾，政府在全国统一国语的目标仍远未实现。①

◆ 第一个提出“普通话”的人

第一个提出“普通话”一词的是清朝末年“切音字运动”积极分子朱文熊先生。

图 2-6　朱文熊

朱文熊(1883—1961)，乳名杏生，字造五，又字叔子。江苏昆山陈墓镇(现锦溪镇)人。朱氏家族乃镇上一书香大家，族中历代人才辈出。

朱文熊自幼聪敏、勤奋，除学习“四书五经”外，刻苦自学“华衡芳学算笔谈”“笔算数学”“代数备旨”“形学备旨”等课程。曾应乡试，为清代秀才。后考入苏州中西学堂，成绩特优，经常受到数学老师张剑虹、国文先生章式之的表彰。清光绪三十年(1904)经苏州巡抚端午桥先生选考出洋留学，8 月东渡日本。在日本留学期间，与周树人(鲁迅)、杨昌济、许寿裳、陈衡恪等为同窗好友。1910 年毕业回国后，在吉林的学校教授化学等课程，为吉林教育学会名誉委员。1913 年 7 月应聘于北京高等师范学校。1914 年任教育部编审员，与鲁迅等 83 人同为“通俗教育研究会会员”。1919 年被当时的教育部部长蒋梦麟聘为“国语统一筹备会”会员，同时受聘的还有蔡元培、胡适之、林语堂、钱玄同等人。

朱文熊先生毕生最突出的贡献是在文字改革方面。早在 1906 年在日本留学期间，他就利用课余时间刻苦钻研五个月，编写了《江苏新字母》，在这本书里：

他联系汉字的历史，认为自古以来“由大篆而小篆，由小篆而隶书，而草书、楷书，古人就是不断简化文字的”。

他敢于破除“汉字天经地义，不能改变”的成见，认识到文字改革是“世界潮流……势不可遏”。

他比较了同时代的几种汉语拼音方案，一方面对这些方案“叹美而称羡”，同时也发现其中的缺点“顾切音新字，形式离奇，难于识别；官话字母，取法假名，符号

---

① “普通话”的诞生[J].看历史，2010(4)：14-19.

实多”，认为“什么工具什么符号便利，就用什么，毫无固执的必要”。

他响亮地提出“余以为与其造世界未有之新字，不如采用世界所通用之字母”的主张。在拼音制度上实行音素制；在书写方法上，大部分多音节调的各个音节已经连写。

总之，《江苏新字母》主张用一种“言文一致”的、以拉丁字母排音的“新文字”来实现“中国文字之改革”，并首创“普通话”一词，定义为“各省通用之话”。

由此，朱文熊成为我国文字改革运动史上自觉采用拉丁化拼音字母的第一人。他的进步主张和卓越见解对我国的文字改革起了积极作用。

然而，由于历史原因，朱文熊提出的“汉语拼音”和“推广普通话”方案在中华人民共和国成立前一直没有得到重视和推广。

20 世纪 30 年代，朱文熊回到苏州原颜家巷 6 号老宅定居，后任教于苏州美术专科学校。

中华人民共和国成立以后，毛泽东主席和周恩来总理十分重视汉字的改革工作，1955 年 10 月，教育部和中国文字改革委员会在北京联合召开全国文字改革会议，会议决定将“普通话”作为我国“国语”。

1956 年 1 月，中央召开知识分子问题会议，时任中国人民大学校长并兼任国务院文字改革委员会主任的吴玉章做了关于文字改革工作的发言。会上，毛泽东主席突然接口道：“我很赞成将来采用拉丁字母，你们赞成不赞成呀？因为，这字母很少，只有二十几个，简单明了。”

1956 年 2 月，国务院颁布了《关于推广普通话的指示》。

1958 年 2 月，第一届全国人民代表大会第五次会议正式批准公布了《汉语拼音方案》。国务院文字改革委员会主任吴玉章在《六十年来中国人民创造汉字拼音字母的总结》报告里，充分肯定了朱文熊在我国汉语拼音发展当中的首创作用，并在 1959 年 5 月 14 日亲笔致函朱文熊先生，对他“数十年来致力于中国文字改革工作，六十年前创造了《江苏新字母》，对于文字改革工作付出了艰苦的劳动”给予了高度评价。①

① 陆宜泰.中国文字改革的先驱：朱文熊[J].昆山文化研究，2009(3)；许宗祺.苏州颜家巷[N].姑苏晚报，2010-08-09.

◆ 历届全国推广普通话宣传周的时间及主题

1997 年，国务院第 134 次总理办公会议批准，自 1998 年起，每年 9 月的第三周为全国“推广普通话宣传周”。每年，教育部、国家语委、中央宣传部、国家民委、人力资源和社会保障部、文化和旅游部、广电总局、中央军委训练管理部、共青团中央等九部门都要联合发出通知，就“推普周”的活动时间、活动主题、主要内容和工作要求等作出具体部署。

第一届：

活动时间：1998 年 9 月 13 日至 19 日。

活动主题：推广普通话，推进语言文字规范化。

第二届：

活动时间：1999 年 9 月 12 日至 18 日。

活动主题：推广普通话，迎接新世纪。

第三届：

活动时间：2000 年 9 月 10 日至 16 日。

活动主题：推广普通话，迈向新世纪。

第四届：

活动时间：2001 年 9 月 9 日至 15 日。

活动主题：宣传贯彻《中华人民共和国国家通用语言文字法》，大力推广普通话，促进语言文字规范化。

第五届：

活动时间：2002 年 9 月 15 日至 21 日。

活动主题：宣传贯彻《中华人民共和国国家通用语言文字法》，大力推广普通话，促进语言文字规范化，迎接党的十六大召开。

第六届：

活动时间：2003 年 9 月 14 日至 20 日。

活动主题：大力推广普通话，齐心协力奔小康。

图 2-7 “推普周”宣传海报

第七届：

活动时间：2004 年 9 月 12 日至 18 日。

活动主题：普通话——情感的纽带，沟通的桥梁。

第八届：

活动时间：2005 年 9 月 11 日至 17 日。

活动主题：实现顺畅交流，构建和谐社会。

第九届：

活动时间：2006 年 9 月 10 日至 16 日。

宣传主题：普通话——五十年推广，新世纪普及。

第十届：

活动时间：2007 年 9 月 9 日至 15 日。

活动主题：构建和谐语言生活，弘扬中华优秀文化。

第十一届：

活动时间：2008 年 9 月 14 日至 19 日。

活动主题:构建和谐语言生活,营造共有精神家园。

第十二届:

活动时间:2009 年 9 月 13 日至 19 日。

活动主题:热爱祖国语言文字,构建和谐语言生活。

第十三届:

活动时间:2010 年 9 月 12 日至 18 日。

活动主题:规范使用国家通用语言文字,弘扬中华优秀文化传统。

第十四届:

活动时间:2011 年 9 月 11 日至 17 日。

活动主题:提升国家通用语言文字应用能力,弘扬中华优秀文化传统。

第十五届:

活动时间:2012 年 9 月 14 日至 20 日。

活动主题:大力推广和规范使用国家通用语言文字。

第十六届:

活动时间:2013 年 9 月 15 日至 21 日。

活动主题:推广普通话,共筑中国梦。

第十七届:

活动时间:2014 年 9 月 15 日至 21 日。

活动主题:说好普通话,圆梦你我他。

第十八届:

活动时间:2015 年 9 月 14 日至 20 日。

活动主题:依法推广普通话,提升国家软实力。

第十九届:

活动时间:2016 年 9 月 8 日至 14 日。

活动主题:大力推行和规范使用国家通用语言文字,助力全面建成小康社会。

第二十届:

活动时间:2017 年 9 月 11 日至 17 日。

活动主题:大力推广和规范使用国家通用语言文字,自觉传承弘扬中华优秀传统文化 。

第二十一届：

活动时间:2018年9月10日至16日。

活动主题:说好普通话,迈进新时代。

第二丨二届：

活动时间:2019年9月16日至22日。

活动主题:普通话颂七十华诞,规范字书爱国情怀。

第二十三届：

活动时间:2020年9月14日 至9月20日。

活动主题:同讲普通话,携手进小康。

第二十四届：

活动时间:2021年9月12日至18日。

活动主题:普通话诵百年伟业,规范字写时代新篇。

思考练习题

一、聆听、说话、朗读、拼写,你哪一项掌握得最好,哪一方面表现得还不够好呢？建议你,针对自己的薄弱环节,制订一份有效的学习计划。

二、在新媒体平台,你有个人账号吗？上传的音频、视频,你用的是普通话吗？大家对你的普通话表达有什么反馈？

三、在学习普通话方面,有人认为,只要不妨碍交流,别人能够听懂就可以了;也有人认为,应该努力做到发音标准,尽量少带方言色彩。请谈谈你对这个问题的看法。

四、每年9月份的第三个星期为全国推广普通话宣传周(简称“推普周”),你所在的城市或学校举办过哪些推广普通话的活动？你有什么好的建议？

五、下面是一则寓言故事,请你与你的同学或朋友,每人分别用普通话和方言朗读一遍,并且录音。需要你们做的是：

1. 体会差别。在朗读中,具体感受普通话与方言之间的差别,同时,你和同学、朋友可以相互纠正普通话发音中的错误。

2. 总结特点。比较普通话与方言的差异,比如词汇上的、语法上的,尤其要注意语音上的不同。

狐狸和乌鸦

狐狸在树林里找吃的。它来到一棵大树下，看见乌鸦正站在树枝上，嘴里叼着一块肉。狐狸馋得直流口水。

它眼珠一转，对乌鸦说："亲爱的乌鸦，您好吗？"

乌鸦没有回答。

狐狸赔着笑脸说："亲爱的乌鸦，您的孩子好吗？"

乌鸦看了狐狸一眼，还是没有回答。

狐狸又摇摇尾巴说："亲爱的乌鸦，您的羽毛真漂亮，麻雀比起您来，可就差多了。您的嗓子真好，谁都爱听您唱歌，您就唱几句吧！"

乌鸦听了狐狸的话，非常得意，就唱了起来。"哇……"它刚一开口，肉就从嘴里掉了下来。

狐狸叼着那块肉，飞快地跑没影儿了。

六、请在网上观看侯宝林与郭启儒合说的相声《普通话与方言》《戏剧与方言》。

训练秘诀

唇——唇的喷吐力是声母发音时的一个重点

注意有意识地将着力点集中在上唇中央,然后蓄足气息,双唇打响

舌——舌的弹发力是声母发音时的另一个重点

注意舌尖与接触部分应该形成“一点”,而不是“一片”

唇齿舌腭总动员——声母发音讲究发音的部位和方法

注意控制好你的咬字器官,调动唇齿舌腭协同作战

第三章 普通话声母 ——让你的吐字准确清晰

有一位来自南方的游客在公园打听“缆车”在哪个位置，碰到的热心人都给指引了一番，可是每次找到的位置都不是，他只好憋红了脸一问再问，原来他想找的是“男厕”。

曾经有媒体报道，因为说着一口浓郁地方色彩的普通话，有的大学生甚至是研究生求职屡次遭到拒绝。如今越来越多的人重视提高自身的普通话水平，这不仅是为了与人更顺畅地沟通，也因为一口标准的普通话可以给自己的形象加分。

上面那个小笑话中的游客之所以闹了个大红脸，主要是他把声母的音发错了。其实，这个问题并不难纠正，只要找到普通话与方言的对应规律就好办了。接下来我们会为你讲述学习声母的具体步骤，方便你进行普通话声母的学习。

◈ 什么是声母

◈ 辅音的概念

◈ 辅音的发音特点

◈ 辅音的发音过程

◈ 普通话声母的分类

◈ 普通话声母的发音要领

◈ 零声母的发音要领

◈ 声母发音准确清晰的训练秘诀

◈ 常见的声母发音问题与解决方案

◈ 普通话声母发音综合练习

在学习之前，请大家认真地想一想，在实际生活当中，你是否也碰到过因为发音错误而导致表达上南辕北辙、让人啼笑皆非的情况呢？

如果你来自南方方言区，估计会出现这些问题：

◈ 来自四川的你有可能会将“河南”说成“荷兰”，这差别可真够大的，一个音发错连国籍都变了。

◈ 来自江西的你有可能会将“花季”说成“发迹”，令人感慨不已，怎么如歌的青春花季就直奔发财之路了呢？

◈ 来自广西的你有可能会将“长江”说成“长枪”，当我们深情抒发着对母亲河“长江”的赞美和依恋时，怎会想到一不小心就成了“长枪”在握了呢？

◈ 来自广东的你有可能会将“朝气”说成“娇气”，本意是想夸同学动感十足，充满朝气，结果却被人误解，以为讽刺他柔弱娇气呢。瞧，“一失音成千古恨”。

看到这儿，来自北方方言区的你是不是会大松一口气了：哈哈，上面的发音错误与我无关呢！且慢。

◈ 来自东北、山西的你有可能会将“小邹”喊成“小周”，弄得周围朋友很苦恼，总是不清楚你到底要找谁。

◈ 如果你是北京人，平日说话时不喜欢用劲，能不张嘴就不张嘴，能不动舌就不动舌，就有可能造成“装垫儿”（中央电视台）、“关局”（公安局）这样含混不清的吃字现象。

普通话声母是我们发音准确清晰的基础，如果发得不准确，就会产生歧义，造成误解，闹出笑话；如果发音含混，除了影响信息的准确传达外，还会给人留下慵懒、涣散的印象。生活中我们也常常遇到这样的人，说什么事情好像都事不关己，既冷淡又乏味，这很可能就与他含糊的发音习惯有关；还有人发音习惯含着舌头说话，顺嘴溜，每个字音都搅拌在一起，自己说得挺热闹，可是听者却一头雾水，完全不知其所云，这样都会给我们的交流与沟通造成障碍。

■ 什么是声母

一个音节开头的那个音就是声母。

声母都是由辅音充当的。

有的字音没有声母，就叫零声母。

普通话有 21 个声母。

在普通话中，声母都是由辅音充当的，因为处于音节开头的位置，发音短促有力，所以普通话音节界限分明，字字清晰可辨。

比如有个人名字叫“安爱爱”，别人叫她的时候总是特别费劲，也不容易听清楚。这是因为“安爱爱”三个字之间没有辅音声母相隔，所以发音时音节与音节之间很容易粘连在一起，我们也就很难从听觉上辨义了。

另外，声母发音的时值虽然很短，但“领头音”的作用却十分重要，它能带动整个音节的发音。换言之，语音的准确度与声母有着直接的联系。平日里有的人发音含混不清、唇舌没有力度，往往就是因为声母发音不清晰。

那么，让我们通过对辅音的了解来探究声母发音的“秘诀”吧。

辅音的概念

辅音是音素的一种。在汉语普通话中，发辅音时气流在口腔中受到明显阻碍，呼出气流较强，发音器官受阻碍的部分肌肉紧张。大部分辅音发音时声带不颤动，声音很不响亮，大部分是噪音。

声母是由辅音构成的，那么辅音就等于声母吗？

请记住：不等于。因为普通话当中辅音有 22 个，声母的数目却是 21 个。

普通话语音中可做声母的辅音有 21 个：b、p、m、f、d、t、n、l、g、k、h、j、q、x、zh、ch、sh、r、z、c、s。还有一个辅音 ng 很特殊，不能充当声母，通常做韵尾，比如：装 zhuāng。ng 还是“嗯”的读音。

辅音的发音特点

◈ 气流在口腔中受到明显阻碍。

◈ 呼出较强的气流。

◈ 大部分辅音发音时声带不颤动，普通话声母中清辅音居多。

◈ 发音器官受阻碍的局部肌肉紧张，不受阻碍的肌肉不紧张。

总之，辅音的特点是时值短、音势弱，因此很容易受到干扰。

声母是一字之“头”，对它的处理影响到整个音节的质量。如果发音时唇舌缺乏力度，在语流里就很容易产生“吃字”现象，直接影响到语音的清晰度和准确度，因此在具体发音训练中，我们应该强化细微的发音动作。[①]

我们用一段绕口令《扁担长，板凳宽》来感受一下普通话声母发音轻捷有力的特点。

扁担长，板凳宽，板凳没有扁担长，扁担没有板凳宽。

扁担要绑在板凳上，板凳偏不让扁担绑在板凳上。

辅音的发音过程

辅音的发音过程指发音时气流克服阻碍的方法，一般归纳为三个阶段，即成阻、持阻和除阻。

成阻：发音部位构成阻碍。

持阻：发音器官准备发音，是准备发音状态的持续。

除阻：解除发音部位阻碍，发出声音。

举例说明一下："b"的成阻是发音部位上、下唇两部分接触、收紧；持阻是使气息积蓄在收紧的双唇后面；除阻是收紧的双唇忽然放开发音。

成阻、持阻、除阻是辅音发音时的一般过程。不同性质的辅音，发音情况也不完全一样，如 b 要在除阻时才能发出声音，s 在第二阶段持阻时就发出声音了。成阻、持阻、除阻三种不同形式的组合，可以把发音方法区分为许多种。

其实，辅音的发音很短暂，之所以将它分解成三个阶段，就是希望帮助你在具体发音时了解不同阶段应该注意什么，或者到底是哪个阶段出了问题，然后有针对性地进行修正和改善。

普通话声母的分类

普通话 21 个声母有两种分类标准：一是根据不同的发音部位分为 7 组，二是根据不同的发音方法分为 5 种方法和 2 种区别。

为方便记忆和理解，我们将声母的分类概括为一句话，"七部五法两区别"——7 处发音部位，5 种发音方法，2 种区别。

---

① 王浩瑜.跟我说普通话[M].北京：中国传媒大学出版社，2009：39.

◆ 发音部位

普通话中22个辅音音素的发音部位共有7处：双唇阻、唇齿阻、舌尖前阻、舌尖中阻、舌尖后阻、舌面阻和舌根阻。

这些“阻碍”都是由口腔里的两个部分接触或接近而形成的。

由这7组发音部位发出的音分别叫作：双唇音、唇齿音、舌尖前音、舌尖中音、舌尖后音、舌面音和舌根音。

为了帮助大家理解，我们通过发音器官示意图(图3-1)来展现发音部位。

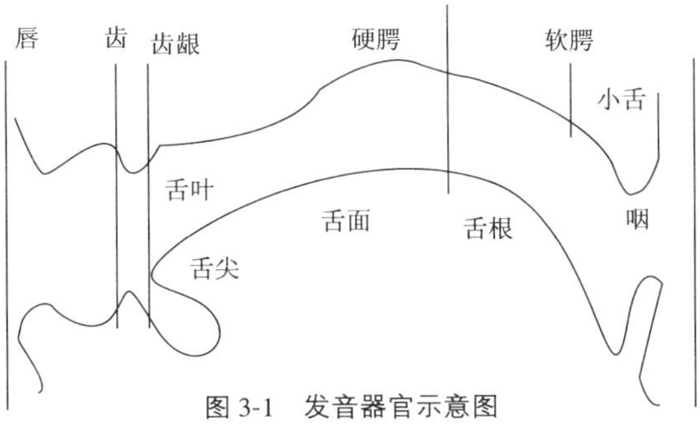

图3-1 发音器官示意图

◆ 发音方法

◇ 克服阻碍的方式

按照发音时气流克服阻碍的方式，也就是发音方法，普通话的声母分为5类：

1. 塞音：构成阻碍的两个部位完全闭塞。软腭上升，堵塞通向鼻腔的通路。气流经过口腔时冲破阻碍迸裂而出，爆发成声。

塞音有6个，分别是b、p、d、t、g、k。

2. 擦音：构成阻碍的两个部位非常接近，留下窄缝。软腭上升，堵塞通向鼻腔的通路。气流经过口腔时从窄缝挤出，摩擦成声。

擦音有6个，分别是f、h、x、sh、r、s。

3. 塞擦音：构成阻碍的两个部位完全闭塞。软腭上升，堵塞通向鼻腔的通路。气流经过口腔先把阻塞部位冲开一条窄缝，从窄缝中挤出，摩擦成声。先破裂，后摩擦，结合成一个音。

塞擦音有 6 个，分别是 j、q、zh、ch、z、c。

4. 鼻音：口腔里构成阻碍的两个部位完全闭塞。软腭下垂，打开通向鼻腔的通路。声带颤动，气流从鼻腔通过。

鼻音有 2 个，分别是 m 和 n。

5. 边音：舌尖与齿龈相接构成阻碍，舌头两边留有空隙。软腭上升，堵塞通向鼻腔的通路。气流经过口腔，声带颤动，从舌头的两边通过。

边音只有 1 个，l。

◇ **气流的强弱**

按照发音时呼出的气流的强弱，普通话声母中的塞音和塞擦音分为两类，就是不送气音和送气音。

1. 不送气音。发音时，呼出的气流较弱。不送气音有 6 个，分别是 b、d、g、j、zh、z。

2. 送气音。发音时，呼出的气流较强。送气音有 6 个，分别是 p、t、k、q、ch、c。

◇ **声带是否颤动**

按照发音时声带是否颤动，普通话的声母分为两类，就是清音和浊音。

1. 清音。气流呼出时，声门打开，声带不颤动，发出的音不响亮。

清音有 17 个，分别是 b、p、f、d、t、g、k、h、j、q、x、zh、ch、sh、z、c、s。

2. 浊音。气流呼出时，声带颤动，发出的音比较响亮。

浊音有 4 个，分别是 m、n、l、r。

普通话声母的分类情况，可用表 3-1 表述：

表 3-1 普通话声母的分类

7 组发音部位	5 种发音方法	送气与否	清浊与否
双唇音：b、p、m	塞音 6 个：b、p、d、t、g、k	送气音 6 个：p、t、k、q、ch、c	浊音 4 个：m、n、l、r
唇齿音：f	擦音 6 个：f、h、x、sh、r、s	不送气音 6 个：b、d、g、j、zh、z	其他 17 个是清音
舌尖前音：z、c、s	塞擦音 6 个：j、q、zh、ch、z、c		

续表

7组发音部位	5种发音方法	送气与否	清浊与否
舌尖中音:d、t、n、l	鼻音2个:m、n		
舌尖后音:zh、ch、sh、r	边音1个:l		
舌面音:j、q、x			
舌根音:g、k、h			

普通话声母的发音要领

在转瞬即逝的普通话声母发音过程中,你自己可以调控的因素实际上有很多,只要善于运用巧劲儿,就能做到“咬得准、发得清”,使声母的发音清晰动听。

那么,如何才能“咬得准、发得清”呢?

诀窍有二:一是力求发音部位准确;二是力求弹发有力、干脆,不拖泥带水。

另外,“唇舌灵活,力量集中”是我们发音时应该遵循的原则,以保证声母发音的鲜明、集中。

◆ 双唇音:b、p、m

【双唇音训练提示】

1.双唇音指上唇与下唇接触构成阻碍后发出的一种辅音,共有3个。

2.发音唇舌无力、口腔松软的原因与这三个音发不好有直接关系,力量应该集中在双唇中央,唇部收紧,接触有力。

3.b和p的区别在于不送气与送气,而b、p和m的区别则是:b、p发音时软腭提起,气流从口腔出来;m要发成鼻音。发这三个声母都要注意双唇的爆发力。

◇ b 双唇不送气清塞音

字词练习

单音节:播 布 班 北 宾 标 贝 别

双音节:标兵 辨别 播报 奔波 版本 板报 包办 百倍

四音节：包罗万象　暴跳如雷　悲欢离合　跋山涉水
百发百中　半路出家　不知所以　博采众长

绕口令练习

巴老爷芭蕉树（b）

巴老爷有八十八棵芭蕉树，
来了八十八个把式要在巴老爷的八十八棵芭蕉树下住。
巴老爷拔了八十八棵芭蕉树，
不让八十八个把式在八十八棵芭蕉树下住。
八十八个把式烧了八十八棵芭蕉树，
巴老爷在八十八棵树边哭。

◇ p 双唇送气清塞音

字词练习

单音节：盘　胖　排　批　平　漂　盆　坡
双音节：排炮　澎湃　批判　乒乓　攀爬　偏旁　爬坡　平盆
四音节：旁观者清　匹夫有责　抛砖引玉　跑马观花
披星戴月　萍水相逢　平分秋色　品头论足

绕口令练习

瓶碰盆（b、p）

车上有个盆，
盆里有个瓶，
乒乒乒，乓乓乓，
不知是瓶碰盆，还是盆碰瓶。

◇ m 双唇浊鼻音

字词练习

单音节：妈 慢 门 明 米 谬 满 谋

双音节：明媚 美满 弥漫 美妙 密码 茂密 命脉 埋没

四音节：埋头苦干 满城风雨 民富国强 马到成功

满面春风 弥天大谎 毛手毛脚 茅塞顿开

绕口令练习

妈妈骂马(m)

妈妈种麻，我去放马；

马吃了麻，妈妈骂马。

双唇音句段练习

西部地区是华夏文明的重要发源地。秦皇汉武以后，东西方文化在这里交汇融合，从而有了丝绸之路的驼铃声声，佛院深寺的暮鼓晨钟。敦煌莫高窟是世界文化史上的一个奇迹，它在继承汉晋艺术传统的基础上，形成了自己兼收并蓄的恢宏气度，展现出精美绝伦的艺术形式和博大精深的文化内涵。

（节选自《普通话水平测试实施纲要》作品 45 号）

帕金森症是一种典型的老年疾病，虽然目前还没有有效的治疗手段，但医学界对它的研究一直没有停止。肢体颤抖、语言障碍，是帕金森症的主要症状，这是由患者体内多巴胺缺乏造成的。

◆ **唇齿音：f**

【唇齿音训练提示】

1.唇齿音指下唇与上齿接触构成阻碍后发出的一种辅音。请记住，普通话语音中只有唇齿音 f，没有 v 这个音。

2.发音时注意，上齿与下唇形成阻碍时要自然接触，不要上齿咬住下唇发音，否则成阻部位面积大，力量分散，有发成塞音的趋势，显得笨拙。

◇ f 唇齿清擦音

字词练习

单音节：发 房 奋 佛 风 分 否 翻

双音节：非凡 芬芳 丰富 放飞 吩咐 方法 反复 发放

四音节：发扬光大 翻来覆去 反复无常 防患未然

飞沙走石 凤毛麟角 分秒必争 风尘仆仆

绕口令练习

画凤凰（f、h）

粉红墙上画凤凰，凤凰画在粉红墙。

红凤凰、粉凤凰、红粉凤凰、花凤凰。

唇齿音句段练习

幸福不喜欢喧嚣浮华，它常常在暗淡中降临。贫困中相濡以沫的一块糕饼，患难中心心相印的一个眼神，父亲一次粗糙的抚摸，女友一张温馨的字条……这都是千金难买的幸福啊。像一粒粒缀在旧绸子上的红宝石，在凄凉中愈发熠熠夺目。

（节选自《普通话水平测试实施纲要》作品 40 号）

◆ **舌尖中音：d、t、n、l**

【舌尖中音训练提示】

1.舌尖中音指舌尖抵住上齿龈，气流在这一部位受到阻碍后发出的音，练习时注意舌尖要有“弹力”。

2.所谓“弹力”，就是指舌尖阻被突然冲开，不要拖泥带水。

3.许多人分辨不清 n、l 两个音。其实，这两个音发音方法完全不同，发 n 是鼻孔出气（鼻音），发 l 是舌头两边出气（边音）。学习时要抓住区分这两者的要点，你可以用一根手指放在鼻翼两侧，感受发 n 音时鼻腔的震动，而发 l 音的时候，手指是感受不到震动的。

◇ d 舌尖中不送气清塞音

字词练习

单音节:搭 担 到 得 灯 丢 调 斗

双音节:等待 单调 到达 断定 得到 当代 道德 大地

四音节:大刀阔斧 打躬作揖 单刀直入 呆若木鸡

答非所问 点石成金 调虎离山 顶天立地

绕口令练习

打特盗(d、t)

调到敌岛打特盗,特盗太刁投短刀;
挡推顶打短刀掉,踏盗得刀盗打倒。

◇ t 舌尖中送气清塞音

字词练习

单音节:推 吞 坛 淌 逃 图 土 停

双音节:天堂 探听 跳台 团体 淘汰 梯田 体贴 推托

四音节:谈虎色变 铁证如山 通宵达旦 同甘共苦

泰然自若 头头是道 偷天换日 推波助澜

绕口令练习

盗短刀(d、t)

断头台倒吊短单刀,歹徒登台偷短刀;
断头台塌盗跌倒,对对短刀叮当掉。

◇ n 舌尖中浊鼻音

字词练习

单音节：哪　奶　闹　难　能　农　娘　牛

双音节：牛奶　南宁　男女　难弄　拿捏　能耐　恼怒　泥泞

四音节：南腔北调　囊中羞涩　难分难解　泥沙俱下

　　　　拈花惹草　鸟枪换炮　弄假成真　怒发冲冠

绕口令练习

男旅客女旅客（n、l）

男旅客穿着蓝上装，
女旅客穿着呢大衣。
男旅客扶着拎篮子的老大娘，
女旅客搀着拿笼子的小男孩儿。

◇ l 舌尖中浊边音

字词练习

单音节：拉　铃　来　列　驴　罗　老　栾

双音节：理论　流利　玲珑　罗列　拉链　冷落　劳力　履历

四音节：来者不拒　劳而无功　乐不思蜀　老态龙钟

　　　　冷若冰霜　离题万里　里应外合　两全其美

绕口令练习

拉车（l、n）

门外有四辆车，
你爱拉哪两辆就拉哪两辆，
想拉到哪里就拉到哪里。

舌尖中音句段练习

它没有婆娑的姿态，没有屈曲盘旋的虬枝，也许你要说它不美丽，——如果美是专指“婆娑”或“横斜逸出”之类而言，那么，白杨树算不得树中的好女子；但是它却是伟岸，正直，朴质，严肃，也不缺乏温和，更不用提它的坚强不屈与挺拔，它是树中的伟丈夫！

（节选自《普通话水平测试实施纲要》作品 1 号）

中国的牛，永远沉默地为人类做着沉重的工作。在大地上，在晨光或烈日下，它拖着沉重的犁，低头一步又一步，拖出了身后一列又一列松土，好让人们下种。等到满地金黄或农闲时候，它可能还得担当搬运负重的工作，或终日绕着石磨，朝同一方向，走不计程的路。

（节选自《普通话水平测试实施纲要》作品 57 号）

◆ 舌根音：g、k、h

【舌根音训练提示】

1.舌根音指舌根和软腭相接，气流在这一部位受到阻碍后发出的一种辅音。

2.它们是 21 个声母中发音最靠后的三个音，也是音色最暗的一组。

3.需要提醒你的是，有些男生为了追求声音的宽厚、有气势，总是喜欢把这三个本来已经靠后的舌根音发得更靠后，相应地把韵母带到后面，导致喉音过重。其实这是一种不正确的发声状态。

◇ g 舌根不送气清塞音

字词练习

单音节：哥　钢　姑　耕　干　更　古　关

双音节：改革　巩固　高贵　光顾　挂钩　公共　感观　规格

四音节：改头换面　甘拜下风　感人肺腑　概莫能外

高谈阔论　歌功颂德　纲举目张　各自为政

绕口令练习

多少罐(g)

一个半罐是半罐，两个半罐是一罐；
三个半罐是一罐半，四个半罐是两罐；
五个半罐是两罐半，六个半罐是三满罐；
七个、八个、九个半罐，请你算算是多少罐。

◇ k 舌根送气清塞音

字词练习

单音节：考　坑　口　课　空　扣　宽　看

双音节：开垦　宽阔　可靠　刻苦　可口　空旷　坎坷　困苦

四音节：开卷有益　苛捐杂税　可圈可点　侃侃而谈
康庄大道　扣人心弦　刻骨铭心　空前绝后

绕口令练习

哥挎瓜筐过宽沟(g、k)

哥挎瓜筐过宽沟，赶快过沟看怪狗。
光看怪狗瓜筐扣，瓜滚筐空哥怪狗。

◇ h 舌根清擦音

字词练习

单音节：海　哈　杭　好　河　画　吼　很

双音节：欢呼　荷花　航海　绘画　后悔　浑厚　红花　黄海

四音节：海枯石烂　呼风唤雨　含糊其词　骇人听闻
汗马功劳　好景不长　好大喜功　鸿篇巨制

绕口令练习

华华和红红(h)

华华有两朵黄花,
红红有两朵红花,
华华要红花,红红要黄花。
华华送给红红一朵黄花,
红红送给华华一朵红花。

舌根音句段练习

曾经相信过海枯石烂作为永恒不灭的表征,后来知道,原来海其实很容易枯,石原来很容易烂。雨水,很可能不再来;沧海,不会再成桑田。原来,自己脚下所踩的地球,很容易被毁灭。海枯石烂的永恒,原来不存在。

中国古典舞是介于戏曲与舞蹈之间的混合物,虽然它去掉了戏曲最重要的唱、念,但仍然保留了戏曲的诸多元素。古典舞的特性可以通过形、力、气、韵四个方面体现。

◆ 舌面音:j、q、x

【舌面音训练提示】

1.舌面音指舌面前部抵住或接近硬腭前部,气流在这一部位受到阻碍后形成的音。这组音最容易出现的问题就是尖音(舌尖化)。

2.有了尖音会显得不庄重、不朴实;同时,噪音太大,也容易让听你说话的人耳朵疲劳。为了防止尖音的出现,除了做好辨音外,还要注意不要让舌尖碰到牙齿或两齿之间。

◇ j 舌面不送气清塞音

字词练习

单音节：江　机　家　街　景　居　捐　叫

双音节：加紧　境界　交际　简洁　接近　家兴　经济　集结

四音节：饥寒交迫　积少成多　集思广益　济济一堂

驾轻就熟　箭在弦上　假公济私　价廉物美

绕口令练习

七加一（j、q）

七加一，七减一，加完减完等于几？

七加一，七减一，加完减完还是七。

◇ q 舌面送气清塞擦音

字词练习

单音节：桥　枪　球　青　亲　去　全　缺

双音节：亲切　恰巧　请求　轻巧　牵强　情趣　秋千　崎岖

四音节：七上八下　其貌不扬　奇耻大辱　取之不尽

前仆后继　旗鼓相当　千载难逢　岂有此理

绕口令练习

漆匠和锡匠（j、q、x）

七巷一个漆匠，西巷一个锡匠，

七巷漆匠偷了西巷锡匠的锡，

西巷锡匠拿了七巷漆匠的漆，

七巷漆匠气西巷锡匠偷了漆，

西巷锡匠讥七巷漆匠拿了锡。

请问锡匠和漆匠,
谁拿谁的锡?
谁偷谁的漆?

◇ x 舌面清擦音

字词练习

单音节:先 修 西 香 新 小 宣 许
双音节:喜讯 想象 现行 下雪 细心 先行 休息 消息
四音节:心急如火 谢天谢地 息息相关 袖手旁观
洗耳恭听 嘘寒问暖 先睹为快 喧宾夺主

绕口令练习

花鸭与彩霞(x)

水中映着彩霞,水面游着花鸭。
霞是五彩霞,鸭是麻花鸭。
麻花鸭游进五彩霞,五彩霞网住麻花鸭。
乐坏了鸭,拍碎了霞,分不清是鸭还是霞。

舌面音句段练习

乞巧节是古人非常喜欢的一个节日。传说那天是牛郎织女鹊桥相会的日子,因为织女心灵手巧,人间的女子希望能在这一天向织女乞取智巧。

夏天实在是美丽动人而且充满诗情画意的季节。而最能代表这份清凉感的,应当是夏天的早晨了。

◆ **舌尖后音:zh、ch、sh、r**

【舌尖后音训练提示】
1.舌尖后音指舌尖后移与齿龈后部接触构成阻碍后发出的一种辅音。

2.这组音又叫翘舌音。发这组音时容易出现三种问题：

第一种，很多人容易和舌尖前音相混，也就是通常所说的平翘不分。

第二种，有些人在发这组音时发得比较靠后，把翘舌音发成了卷舌音。针对这个问题，可以着重练习舌尖翘起这个动作。

第三种，有些人发音偏前，舌位较平，接近于平舌音的位置。发这组音时，舌尖顶住硬腭前部，听起来就不那么偏前了。

◇ zh 舌尖后不送气清塞擦音

字词练习

单音节：赵　扎　郑　知　中　庄　周　重

双音节：庄重　主张　支柱　转折　真正　指针　战争　政治

四音节：掌上明珠　招兵买马　振振有词　争先恐后

珠圆玉润　郑重其事　知法犯法　转危为安

绕口令练习

知道不知道（zh、sh）

认识从实践始，实践出真知。

知道就是知道，不知道就是不知道。

不要知道说不知道，也不要不知道装知道。

老老实实，实事求是，一定要做到不折不扣的真知道。

◇ ch 舌尖后送气清塞擦音

字词练习

单音节：产　吵　车　陈　程　船　吹　春

双音节：超产　长城　船厂　穿插　唇齿　车床　出产　长处

四音节：触类旁通　长篇大论　成千上万　畅所欲言

陈词滥调　沉默寡言　称兄道弟　趁火打劫

绕口令练习

朱叔锄竹笋(zh、ch)

朱家一株竹,竹笋初长出, 朱叔处处锄,锄出笋来煮。
锄完不再出,朱叔没笋煮, 竹株又干枯。

◇ sh 舌尖后清擦音

字词练习

单音节:沙 蛇 筛 省 双 上 顺 山
双音节:山水 双手 闪烁 神圣 实施 沙石 绅士 手术
四音节:深入人心 神采奕奕 身价百倍 实事求是
史无前例 食古不化 始终如一 世外桃源

绕口令练习

学时事(zh、ch、sh)

史老师,讲时事,常学时事长知识。
时事学习看报纸,报纸登的是时事,
心里装着天下事。

◇ r 舌尖后浊擦音

字词练习

单音节:入 如 忍 软 荣 让 日 然
双音节:仍然 柔韧 容忍 闰日 荣辱 扰攘 如若 荏苒
四音节:入情入理 若无其事 软硬兼施 如愿以偿
日薄西山 弱不禁风 仁至义尽 人云亦云

绕口令练习

晒人肉(sh、r)

日头热，晒人肉，晒得心里好难受。

晒人肉，好难受，晒得头上直冒油。

舌尖后音句段练习

南美洲有一种树，雨树，树冠巨大圆满如罩钟，从树冠一端到另一端可以有30米之遥。阴天或夜间，细叶合拢，雨，直直自叶隙落下，所以叶冠虽巨大且密，树底的小草，却茵茵然葱绿。

同样是小学三年级的学生，在作文中说他们将来的志愿是当小丑。有的老师斥之为："胸无大志，孺子不可教也！"有的老师则会说："愿你把欢笑带给全世界！"身为长辈的我们，不但容易要求多于鼓励，更狭窄地界定了成功的定义。

◆ 舌尖前音：z、c、s

【舌尖前音训练提示】

1.舌尖前音指舌尖平伸抵住或接近上齿背，气流在这一部位受到阻碍后发出的音，又叫平舌音。

2.发这组音时成阻面要小，力量要集中。

3.避免舌尖伸到两齿中间变成齿间音。

4.s与sh的区别，关键在于s是"平舌"，舌尖接近齿背；sh是"翘舌"，舌尖离开齿背，接近硬腭前部。

◇ z 舌尖前不送气清塞擦音

字词练习

单音节：栽　脏　遭　贼　怎　增　宗　资

双音节：藏族　宗教　总则　自尊　在座　祖宗　自足　造作

四音节：自得其乐　再接再厉　责无旁贷　作威作福
座无虚席　坐吃山空　左右为难　罪魁祸首

◇ c 舌尖前送气清塞擦音

字词练习

单音节：猜　擦　参　仓　策　涔　此　粗
双音节：层次　粗糙　摧残　仓促　措辞　苍翠　草丛　参差
四音节：惨不忍睹　沧海桑田　草木皆兵　侧目而视
藏头露尾　此起彼伏　才疏学浅　惨无人道

绕口令练习

比腿（c）

山前有个崔粗腿，
山后有个崔腿粗。
二人山前来比腿，
不知是崔粗腿比崔腿粗的腿粗，
还是崔腿粗比崔粗腿的腿粗？

◇ s 舌尖前清擦音

字词练习

单音节：撒　三　桑　涩　松　思　苏　孙
双音节：色素　洒扫　琐碎　松散　三思　思索　四散　搜索
四音节：司空见惯　丝丝入扣　死里逃生　三长两短
四面楚歌　散兵游勇　随行就市　俗不可耐

绕口令练习

做早操(z、c)

早晨早早起，早起做早操。
人人做早操，做操身体好。

登山(s、sh)

三月三，小三去登山。
上山又下山，下山又上山。
登了三次山，跑了三里三。
出了一身汗，湿了三件衫。
小三山上大声喊，“离天只有三尺三”。

舌尖前音句段练习

西湖已向所有的人敞开，西湖的人文气息使杭州繁华而不轻浮。显然这里的人更有理由骄傲，他们和西湖一起迎接晨光，一起送走夕阳。他们可以滋润地生活在平凡的简单日子中，他们的日子又和西湖一同展示给外来的人。这是世俗的天堂，现代和传统坚硬的碰撞并没能让它走样。它有深厚底蕴含蓄的温柔力量。这诗意散淡的日子每每让外来的人羡慕和向往。

皮肤干燥、衰老，日晒，紫外线辐射，睡眠不足，身体劳累等都是促进色素沉淀的原因。随着年龄的增长，色斑增多，严重影响人们的面部美观，带来了衰老的心理压力，从而影响生活质量。

零声母的发音要领

◆ 发音要领

普通话400多个音节，90%是声母、韵母配合形成的，另外还有10%像安 ān、昂

áng、莹 yíng 这样没有辅音声母、由单元音或复元音独自构成的音节。没有辅音声母的音节，我们把它们称为“零声母音节”。

零声母音节真的就是辅音为“零”吗？

实验语音学证明，零声母音节往往也有特定的、具有某些辅音性质的起始方式。也就是说，零声母音节并不完全是纯元音开头，它们都稍带一些摩擦成分。所以，我们在发音的时候也应该保持力度，这样才能增强音节的清晰度。

开口呼零声母音节，如“啊”发音时，一般有喉塞音[ʔ]，即喉头声门闭紧一下。

齐齿呼零声母音节，如“一”发音时，会带有舌面摩擦音[j]，以隔音字母 y 开头。

合口呼零声母音节，如“五”实际发音带有双唇浊擦音[w]。u 是圆唇元音，应该把双唇撮圆，以隔音字母 w 开头。

撮口呼零声母音节，如“鱼”以 yu 开头，发音带有轻微摩擦，是半元音[ɥ]。

没有经过专门的语音训练，我们往往感觉不到 a、o、e 开头的音节还有微弱的辅音成分存在。为了防止零声母音节与前一音节韵尾拼合，造成音节之间的界限混淆，我们有必要强调零声母起始时的实际读音。

不过，有些方言区的人受方音影响，零声母的发音往往会加入声母，例如："爱"(ai)，有的方音加了声母 n，发成了“耐”(nai)，在普通话中这样发音可是不正确的。要纠正这样的错误，需要加强语音记忆，去掉不必要的声母成分。

【零声母发音要领】

以 a、o、e 开头的音节，起始时加喉塞音；

以 i、u、ü 开头的音节，起始时加半元音。

◆ 发音训练

◇ 开口呼零声母发音训练

字词练习

奥运　尔雅　安逸　耳闻　昂扬　碍眼　暗语　扼要

噩运　遨游　按语　阿姨　凹印　哀婉　俄语　安稳

◇ 齐齿呼零声母发音训练

字词练习

意味　疑案　语言　阴暗　遥远　业务　原因　拥有
幽暗　银耳　要隘　沿岸　养颜　药业　厌恶　洋芋

◇ 合口呼零声母发音训练

字词练习

伟岸　委员　婉约　无语　无畏　外语　唯一　乌鸦
外围　晚雾　物业　位移　忘我　网页　娃娃　慰问

◇ 撮口呼零声母发音训练

字词练习

欲望　预言　愿意　鱼饵　冤案　雨雾　缘由　鱼丸
渊源　渔翁　余温　韵尾　豫园　鸳鸯　孕育　运营

零声母句段训练

悠悠球是世界上第二古老的玩具。但悠悠球不仅仅是一种玩具，也是世界上花式多且难、极具观赏性的手上技巧运动之一。今时今日，悠悠球正在逐渐成为一项风靡全球的手上技巧运动。

台湾岛还是一个闻名世界的“蝴蝶王国”。岛上的蝴蝶共有四百多个品种，其中有不少是世界稀有的珍贵品种。岛上还有不少鸟语花香的蝴蝶谷，岛上居民利用蝴蝶制作的标本的艺术品，远销许多国家。

（节选自《普通话水平测试实施纲要》作品 56 号）

声母发音准确清晰的训练秘诀

如何将普通话声母发得准确清晰？窍门是掌握发音“叼字”的要领。

在声母发音的开始要“叼住”。发音的开始是指声母的成阻和持阻阶段，也叫咬字阶段;“叼住”的意思是咬字要有一定的力度,成阻部位的肌肉要有一定的紧张度,阻气有力,同时咬字的力量要集中在相应部位的中纵线,而不是满口用力。

当然“叼字”要用巧劲儿,不能咬得过紧或者过松。怎样把握这个分寸呢?打个比方,过去说唱老艺人常说:“噙字如噙虎。”意思是说:“叼字”如同大老虎叼着小老虎跳跃山涧一样,叼得紧了会把小老虎咬死,叼得松了会把小老虎掉进山涧。这个分寸就是不紧不松,富于弹性。在练习的时候,你不妨想象一下大老虎叼着小老虎跳山涧的感觉。

虽然辅音在一个音节中相对来说时值比较短,但是只有叼住弹出,轻捷干脆地发音,处于字头位置的声母才能带动整个音节协同动作,从而准确清晰地发音。

◆ 唇的力量集中

1.集中在上唇中央 1/3 的部位。

2.“唇齿相依”即唇不离齿,在活动幅度不大的情况下,唇要有较强的收撮力,口形动作要滑行自然,这样才有利于发音清晰,也就是“口角轻圆”。

3.可以做一些口部操练习来增强唇的力量和灵活性。

练习一:撮唇。开小口,在提颧肌的前提下,唇沿齿向中间撮合,再展开;反复。

练习二:增强唇力练习。合口噘唇;向上、下、左、右动。

练习三:转唇。合口噘唇;沿上、左、下、右的方向转动;再向反方向练习。

练习四:面对镜子,按“四呼”的口形要求,依次发开口呼、齐齿呼、合口呼、撮口呼;“四呼”把握得准确有力,主要靠的就是唇的力量和灵活性。

我们可以听声音,看口形:声音要平和圆润,口形要自然美观。

◆ 舌的力量集中

1.普通话声母除双唇音、唇齿音 b、p、m、f 外,无不依赖舌的活动;舌头的前伸、后缩、抬高、降低、翘起等活动都能改变口腔的形状,从而产生各种声音。因此,舌的活动控制是发音清晰的重要一环。

2.舌的弹动力越强,声母发得越清晰;如果舌头软绵绵的,阻气乏力,声音就较模糊。

3."成点不成面"，指在发音部位上要讲究力使在成阻部位的中央，也就是与成阻部位接触要成点状而不是模糊的面状，才能保证舌体的着力点准确，否则接触面太大、力量分散，字音就不响亮了。

4."舌体取收势"，即舌体向中纵线收拢，不可软弱无力，这样有利于舌在发音中弹动有力，便于接触时轻巧着力形成"点状"。

5.在这里给你提供一些口部操，你可以经常练习来增强舌的力量和灵活性。

练习一：弹舌——舌尖的弹发练习，舌尖顶住上齿龈，阻住气流，再突然放开，爆发出[t]-[t]的声音。这一练习对改善舌尖成阻、持阻的力量有益。

练习二：伸舌——将舌伸出唇外，舌体集中，舌尖向前，向左右、上下尽力伸展。

练习三：捣舌——闭唇，用舌尖顶住左、右内颊，用力顶。

◆ 掌握巧劲儿

对声母发音拿捏要用巧劲儿，不能咬得过紧或过松。因为如果咬字过死，也会使发音显得笨拙。所以，声母的发音除了讲究发音部位准确，还应适当把握咬字力度，成阻和除阻力量要适度。

■ 常见的声母发音问题与解决方案

普通话声母发音问题多种多样，但是综合起来主要有三类：

◈ 送气不送气的混同；

◈ 发音部位的混同；

◈ 发音方法的混同。

◆ 送气不送气的混同

◇ 问题一："肚子饱了？"还是"兔子跑了？"——送气音和不送气音的分辨

我们在学习普通话声母的过程中，总会遇到和自己方言不一致的发音，如果能够明白其中的差异，这些困难就会迎刃而解。让我们先看看下面这则小故事。

一天，我的壮族小表妹来玩，我正用青菜叶子喂兔子，小表妹就抢过叶子去喂。我便去做作业了。一会儿听到小表妹喊:“哥哥,肚子饱了!”“饱了就饱了呗,有什么大惊小怪的。”等做完作业,我傻眼了,笼子空了,小白兔没有了。

我赶紧问小表妹怎么回事?原来她开了笼子的门,小白兔跑掉了。我怪她为什么不说,她说已经告诉我了,是我同意小白兔跑掉的。原来,刚才她喊的“肚子饱了”是要告诉我“兔子跑了”。咳,这可真是的!

【解决方案】

1.理论梳理:其实送气、不送气是相对而言的。没有不用气就可以发出的音素。气流微弱且自然地流出的是不送气音。用力喷出一口气的,是送气音。在普通话中,送气、不送气有辨义的作用。

2.特别提示:练习发送气音时要注意控制气流,如果气流太强会使话筒发出“扑扑”的杂音,影响传播效果。

3.对比训练法:通过大量包含送气音与不送气音的字词、绕口令和句段练习,体会两组发音的异同之处,尽快养成正确的发音习惯。

对比练习

1.两字词的比较:

b、p	被服—佩服	饱了—跑了
	步子—铺子	鼻子—皮子
d、t	队伍—退伍	调动—跳动
	河道—河套	肚子—兔子
g、k	挂上—跨上	关心—宽心
	天公—天空	干完—看完
j、q	尖子—扦子	吉利—奇丽
	长江—长枪	精华—清华
zh、ch	摘花—折花	扎针—插针
	大志—大翅	竹纸—竹尺
z、c	子弟—此地	大字—大刺
	坐落—错落	清早—青草

2.两字词的连用：

b、p	编排	被迫	奔跑	爆破
p、b	陪伴	配备	破败	盘剥
d、t	代替	地毯	带头	灯塔
t、d	偷盗	坦荡	态度	天地
g、k	赶快	港口	功课	高亢
k、g	肯干	客观	考古	开工
j、q	机器	价钱	近亲	坚强
q、j	千斤	勤俭	抢救	请假
zh、ch	支持	专长	战船	征程
ch、zh	吃斋	车站	城镇	沉重
z、c	字词	早餐	杂草	资财
c、z	参赞	存在	刺字	操纵

绕口令练习

盆和棚（b、p）

老彭捧着一个盆，
路过老庞干活的棚，老庞的棚碰了老彭的盆。
棚倒盆碎棚压盆，盆碎棚倒盆撞棚。
老彭要赔老庞的棚，老庞要赔老彭的盆。
老庞陪着老彭去买盆，老彭陪着老庞来修棚。

短文练习

贝壳[①] 席慕蓉

在海边，我捡起了一枚小小的贝壳。贝壳很小，却非常坚硬和精致。回旋的花

① 席慕蓉.贝壳[M]//课程教材研究所，中学语文课程教材研究开发中心.语文：七年级上册.北京：人民教育出版社，2001：12.

纹中间有着色泽或深或浅的小点,如果仔细观察的话,在每一个小点周围又有着一圈一圈的复杂图样。怪不得古时候有人采用贝壳来做钱币,在我手心里躺着的实在是一件艺术品,是舍不得拿去和别人交换的宝贝啊!

在海边捡起这一枚贝壳的时候,里面曾经居住过的小小柔软的肉体早已死去,在阳光、砂粒和海浪的淘洗之下,贝壳中所留下来的痕迹已经完全消失了。但是,为了这样一个短暂和细小的生命,为了这样一个脆弱和卑微的生命,上苍给它制作出来的居所却有多精致、多仔细、多么地一丝不苟呢!

比起贝壳里的生命来,我在这世间能停留的时间是不是更长和更多一点呢?是不是也应该用我的能力来把我所能做到的事情做得更精致、更仔细、更加地一丝不苟呢?

请让我也能留下一些令人珍惜、令人惊叹的东西来吧。

在千年之后,也许也会有人对我留下的痕迹反复观看,反复把玩,并且会忍不住轻轻地叹息:"这是一颗怎样固执又怎样简单的心啊!"

◆ 发音部位的混同

◇ 问题二:"太浓"不是"太聋"——鼻音 n 和边音 l 的分辨

各个方言区语音方面的差异最为突出,在四川、江西、湖南、湖北等地的方言中,n、l 是不具有区分意义的,是可以混用的。而在普通话中,n、l 却表达不同的含义。

下面这则互相打岔的小故事就反映了由于 n、l 不分而相互难以对话的现象。

> 晚上爸爸给自己泡了一包奶茶,妈妈看水太多,就又放了一包进去。
>
> 爸爸看完报纸,莫名其妙地问了妈妈一句:"太聋了吧。"正在迷糊睡着的妈妈,一点没反应地应了一句:"我聋什么。""我说的是,你给泡了两包奶茶聋了吧。"终于妈妈明白了,笑得流出了眼泪:"哈哈,你这人说话就是 n 和 l 不分。明明一个'浓'字,说出来就变了个味,成了'聋'字了。闹得我差点要和你吵架。"

【解决方案】

1.理论梳理:n 和 l 的发音部位相同,不同的只是发音方法。n 是鼻音,发音时气流从鼻腔流出。l是边音，发音时气流从舌的两边流出。如感觉不到，可把鼻子堵住，发音困难的就是鼻音，因为气流出不来了；相反，发音不困难的就是边音。

2.特别提示：有的人不是不会发n、l，而是受方言影响不知道哪些音节该发n，哪些音节该发l。解决这个问题可是没有捷径可走的，需要你根据音节表去逐个记忆。

3.对比训练法：根据自己方言n、l不分的情况，通过强化不同的发音方法来加以纠正。发n时，舌尖向前使劲；发l时，舌尖向后使劲，两边留缝隙。多练习象声词以强化l音的着力点，比如“哗啦啦”“淅沥沥”“咕隆隆”等。

对比练习

1.两字词的比较：

n、l　女客—旅客　男子—篮子

　　　难住—拦住　留念—留恋

2.两字词的连用：

n、l　尼龙　脑力　能量　暖流

l、n　烂泥　辽宁　老年　留念

绕口令练习

龙闹农（n、l）

老龙恼怒闹老农，老农恼怒闹老龙；
农怒龙恼农更怒，龙恼农怒龙怕农。

泥捏牛（n、l）

奶奶能捏鸟难捏牛，姥姥能捏牛难捏鸟；
奶奶能捏泥鸟捏泥鸟，姥姥能捏泥牛捏泥牛。
妞妞高高兴兴拿泥鸟，拿了泥鸟拿泥牛。

短文练习

困　难① 柯蓝

也许你在工作里、生活里都遇到过困难……

在我的心里,困难就和胜利站在一起,困难是一条河,胜利就是河那边的山。过了河,就上了山。不要只看见河,就看不见山,也不要只看见山,却看不见困难。

困难总是躲在你的前面,试试你的耐心,试试你的勇气和力量。

你慢慢会发现困难喜欢交朋友。一个小困难它会介绍你认识一个大困难。如果你始终也不躲开它们,那它们就会给你越来越多的知识和胆量,直到最后它们才给你让开路,把你送走。

如果你高兴,你还可以回过头来,看看你这些困难的朋友。

向困难伸过手去吧!在生活里这是你最好的朋友!

◇ 问题三:"会话"不要说"废话"——唇齿音 f 和舌根音 h 的分辨

某些方言区如福建、江西、湖南等的学习者常常存在 f、h 不分的问题,这是受方言发音的影响。在学习普通话声母发音时,我们应了解 f、h 不同的发音部位,以便掌握规范发音。

我们看看下面的故事又出现了怎样的发音问题?

> 几位同学一起去 KTV 唱歌,小兰点了一首《分分秒秒》,打算在大家面前一展歌喉、大秀唱功。演唱前她拿着麦克风对大家说:"今天我为大家献上一首《昏昏秒秒》,让我们珍惜同学们相处的昏昏秒秒。"同学们一听全乐了。

【解决方案】

1.理论梳理:首先要明白 f 和 h 的发音方法是一样的,都是清擦音。二者的区别是在成阻部位上。唇齿音 f 是上齿和下唇形成阻碍,而舌根音 h 的成阻部位在舌根和硬腭与软腭交界处。

---

① 柯蓝.柯蓝朗诵散文诗自选集[M].广州:羊城晚报出版社,2006:156.

2.特别提示：了解了唇齿音 f 和舌根音 h 不同的发音部位，那就加强对构成阻碍的发音部位的训练，这是分辨两个声母的前提。

对比练习

1. 两字词的比较：

f、h　开发—开花　开方—开荒　公费—公会

　　废话—绘画　附注—互助　发报—画报

　　发迹—花季　反手—还手

2. 两字词的连用：

f、h　发挥　繁华　缝合　饭盒　分毫　分化　丰厚　风华

h、f　恢复　会费　回访　豪放　划分　后方　护肤　画舫

绕口令练习

画凤凰（f、h）

对门有个白粉墙，白粉墙上画凤凰，

先画一只粉黄粉黄的黄凤凰，后画一只粉红粉红的红凤凰。

飞机与灰鸡（f、h）

抱着灰鸡上飞机，飞机起飞，灰鸡要飞。

飞机飞，灰鸡灰。别让飞机灰鸡绕晕你！

短文练习

风筝①

童年的时候，我们这些孩子，最大的快乐就是做风筝，放风筝。

在苇塘里拔几根细苇，再找来几张纸，我们便做起风筝来。做一个蝴蝶样的吧。我们精心做着，心中充满了憧憬和希望。风筝做好了，却什么也不像了。我们

① 贾平凹.风筝［M］∥课程教材研究所，小学语文课程教材研究开发中心.语文：三年级上册.北京：人民教育出版社，2010：68.

依然快活，把它叫作“幸福鸟”，还把我们的名字写在上面。

我们去放风筝。一个人用手托着，另一个人牵着线，站在远远的地方，说声“放”，那线一紧一松，风筝就凌空飞起，渐渐高过树梢了。牵线人飞快地跑起来。风筝越飞越高，在空中翩翩飞舞着，我们快活地喊叫着，在田野里拼命地奔跑。村里人看见了，说：“放得这么高！”

从早晨玩到下午，我们还是歇不下来，牵着风筝在田野里奔跑。风筝越飞越高，似乎飞到了云彩上。忽然吹来一阵风，线“嘣”地断了。风筝在空中抖动了一下，便极快地飞走了。我们大惊失色，千呼万唤，那风筝越来越小，倏地便没了踪影。

我们都哭了，在田野里四处寻找，找了半个下午，还是没有踪影。我们垂头丧气地坐在田埂上，一抬头，看见远远的水面上半沉半浮着一个巨大的木轮，不停地转着，将水扬起来，半圈儿水在闪着白光。那里是我们村的水磨坊。

“那儿找过了吗？”

“没找过，说不定‘幸福鸟’就落在那儿呢。”大家说。

我们向那房子跑去，继续寻找我们的“幸福鸟”……

◇ 问题四：“四是四，十是十”——平舌音与翘舌音的分辨

平翘不分的语音问题不仅出现在南方方言区，有的北方方言区像东北、山西等地也会出现。

解决这个问题的关键是要区分平舌音、翘舌音的发音部位。

看看下面这则小故事吧，平翘不分差点儿“吓死人”呢。

香港学生小玉和北京学生小东是一对情侣。有一天，香港学生小玉对北京学生小东说：“我父母把我们的婚事推辞了。”小东一听如晴天霹雳，忙问：“为什么推辞？”小玉说：“他们只是把我们的婚事推辞两个月，你怎么好像天要塌下来似的。”小东说：“咳，原来你是说推迟（chí）两个月，不是推辞（cí）。你真是要把我吓死了。”

【解决方案】

1.理论梳理：发翘舌音时，舌尖抵住或接近硬腭前端。发平舌音时，舌尖轻触或接近上齿背。

2.特别提示：有些方言中，舌的动作没有舌尖前 z、c、s 和舌尖后 zh、ch、sh、r 的对应区别。练习时，首先要能够听辨平舌音、翘舌音的差别，耳力的提升会带来口头的变化。

对比练习

1. 两字词的比较：

z、zh	自力—智力	栽花—摘花
	短暂—短站	小邹—小周
c、ch	仓皇—猖狂	一层—一成
	藏身—长生	有刺—有翅
s、sh	四十—事实	散光—闪光
	三哥—山歌	塞子—筛子

2. 两字词的连用：

z、zh	组织	杂志	在职	赞助
zh、z	振作	装载	种族	制造
c、ch	蚕虫	操场	财产	擦车
ch、c	炒菜	冲刺	尺寸	陈词
s、sh	桑树	算术	宿舍	松鼠
sh、s	神色	失散	深思	哨所

绕口令练习

桑山青（s、sh）

桑山青，桑山苍，桑山桑树满山冈。

桑山采桑上桑山，桑山采桑伤山桑。

四和十(s、sh)

四是四,十是十;
十四是十四,四十是四十。
莫把四字说成十,休将十字说成四。
若要分清四十和十四,经常练说十和四。

蚕与蝉(c、ch)

这是蚕,那是蝉,
蚕常在叶里藏,
蝉常在林里唱。

短文练习

野 草[①] 夏衍

有这样一个故事。

有人问:世界上什么东西的气力最大?回答纷纭得很,有的说"象",有的说"狮",有人开玩笑似的说:是"金刚",金刚有多少气力,当然大家全不知道。

结果,这一切答案完全不对,世界上气力最大的,是植物的种子。一粒种子所可以显现出来的力,简直是超越一切。

人的头盖骨,结合得非常致密与坚固,生理学家和解剖学者用尽了一切的方法,要把它完整地分出来,都没有这种力气。后来忽然有人发明了一个方法,就是把一些植物的种子放在要剖析的头盖骨里,给它以温度与湿度,使它发芽。一发芽,这些种子便以可怕的力量,将一切机械力所不能分开的骨骼,完整地分开了。植物种子的力量之大,如此如此。

这,也许特殊了一点儿,常人不容易理解。那么,你看见过笋的成长吗?你看见过被压在瓦砾和石块下面的一棵小草的生长吗?它为着向往阳光,为着达成它

① 国家语言文字工作委员会普通话培训测试中心.普通话水平测试实施纲要[M].北京:商务印书馆,2004:430.

的生之意志，不管上面的石块如何重，石与石之间如何狭，它必定要曲曲折折地，但是顽强不屈地透到地面上来。它的根往土壤钻，它的芽往地面挺，这是一种不抗拒的力，阻止它的石块，结果也被它掀翻，一粒种子的力量之大，如//此如此。

没有一个人将小草叫作“大力士”，但是它的力量之大，的确是世界无比。这种力是一般人看不见的生命力。只要生命存在，这种力就要显现。上面的石块，丝毫不足以阻挡。因为它是一种“长期抗战”的力；有弹性，能屈能伸的力；有韧性，不达目的不止的力。

◇ 问题五：四十≠细席——翘舌音与舌面音的分辨

小成要洗手，张老师也要洗手。小成说：“老师，请你先死。”张老师知道小成发音错了，把洗（xǐ）说成了死（sǐ），就说：“我不想死。小成你怎么没发现，你把洗手的‘洗’说错了，说成死亡的‘死’了。”

这类问题往往发生在粤语方言区、客家方言区，例如“知道”（zhīdào）和“机到”（jīdào）不分。这些都与方言中翘舌音与舌面音不分有关。

【解决方案】

1.理论梳理：翘舌音与舌面音的发音有相同之处，即都是塞擦音，不送气音。但二者的发音部位不同。发翘舌音，舌尖翘起后，顶住或靠近齿龈后部；而发舌面音，舌面前部应抵住或接近硬腭前部。

2.特别提示：受方言影响，你可能一开始不知道哪些音节该发翘舌音或舌面音，这就需要先辨识。你可以根据音节表去记忆，再根据理论指点，按照不同的发音部位去发音。

3.单项训练法：可以采取舌的单项练习来加强舌面上拱的力量。刮舌——舌尖抵下齿背，舌体贴住齿背，随着张嘴，用上齿沿舌面刮，尽力加大舌面上翘的曲拱度，目的在于增强舌面隆起的力量。刮舌训练可加强舌面阻声母的发音能力。

对比练习

1. 两字词的比较：

zh、j　标志——标记　朝气——娇气

　　　短站——短剑　杂志——杂技

ch、q　长生——强身　池子——旗子
　　　船身——全身　痴人——奇人
sh、x　诗人——昔人　湿气——吸气

2. 两字词的连用：

zh、j　战舰　章节　真假　折旧
j、zh　价值　急诊　加重　记者
ch、q　插曲　初期　唱腔　常情
q、ch　起程　球场　汽车　清澈
sh、x　水仙　顺心　升学　瘦小
x、sh　协商　显示　欣赏　兴盛

绕口令练习

诗琪学戏(sh、q、x)

夏诗琪,想学戏,起得早,很积极,
虚心学戏细学习,体现价值不嫌累。

短文练习

骑驴①

一位老爷爷和他的孙子骑着一头小毛驴,到北村去找朋友。

刚出村子,迎面走来一个中年人。他自言自语地说:“两个人骑一头小驴,快把驴压死了!”

老爷爷听了,立刻下来,让孙子一个人骑,自己在旁边走。

没走多远,一个老人看见了,摇摇头说:“孙子骑驴,让爷爷走路,太不尊敬老人了!”

① 佚名.骑驴[M]//课程教材研究所,小学语文课程教材研究开发中心.语文:二年级下册.北京:人民教育出版社,2010:81.

老爷爷连忙叫孙子下来，自己骑上去。

又走了不远，一个孩子看见了，很生气地说："没见过这样的爷爷，自己骑驴，让孙子跟在他后边跑。"

老爷爷赶紧下来，和孙子一同走。

他们来到北村，几个种菜的看见了，说："有驴不骑，多笨哪！"

老爷爷摸着脑袋，看看孙子，不知道怎么做才好。

◆ 发音方法的混同

◇ 问题六：避免尖音——舌面音的辨析

【解决方案】

1. 理论梳理：舌面音 j、q、x 跟 i、ü 或以 i、ü 开头的韵母拼合的，叫团音；舌尖前音 z、c、s 跟 i、ü 或以 i、ü 开头的韵母拼合的，叫尖音。普通话里没有尖音，只有团音。

2. 特别提示：如果把舌面音发成了尖音，也就是说舌面音发得太靠前了，就会显得不庄重、不朴实。

对比练习

1. 两字词的练习：

j	嘉奖	健将	讲解	简洁
q	亲切	轻巧	气球	秋千
x	新鲜	雄心	相信	行销

2. 混合练习：

j、q	坚强	解劝	进取	就寝
j、x	焦心	酒席	俊秀	迹象
q、j	清洁	奇迹	起居	巧计
q、x	抢先	前线	亲信	取消
x、j	消极	细节	先进	夏季
x、q	稀奇	戏曲	向前	小桥

绕口令练习

真稀奇(x、q)

稀奇稀奇,真稀奇,麻雀踩死老母鸡。

蚂蚁身长三尺六,八十岁老头躺在摇篮里。

短文练习

香港,璀璨的明珠①

香港位于祖国漫长海岸线的南端,她面积不大,却是亚太地区的航运中心、贸易中心和金融中心,还是购物、美食和旅游的好去处。

香港是一个著名的港口,世界各地的商人都乐意来这里做生意。因此,香港的市场是一个“万国市场”。来自近两百个国家和地区的商品,琳琅满目,应有尽有,而且物美价廉。

在香港,人们能够品尝到世界各地的美食。内地的粤菜、川菜,德国、法国、意大利等国的佳肴,东南亚各地的饮食,一应俱全,游客们可以大饱口福。所以,人们又把香港称作“美食天堂”。

香港还是一个旅游胜地。小朋友们最爱去的就是举世闻名的海洋公园。公园里的海豚和海狮表演最为出色。在清澈的池水里,它们一会儿钻圈,一会儿顶球。有时趁你不注意,会突然跃出水面,向你点头,有时还会喷你一身水呢。

每当夜幕降临的时候,香港就成了灯的海洋。港湾里闪耀的灯光,像五颜六色的焰火,洒落人间。马路上一串串明亮的车灯,如同闪光的长河,奔流不息。高楼大厦的霓虹灯光彩夺目,热情欢迎来自五洲四海的游客。

香港,真是我国南海之滨一颗璀璨无比的明珠。

---

① 佚名.香港,璀璨的明珠[M]//课程教材研究所,小学语文课程教材研究开发中心.语文:三年级上册.北京:人民教育出版社,2010:94.

◇ 问题七：避免杂音——舌尖前音的辨析

【解决方案】

1. 理论梳理：舌尖前音 z、c、s 是很容易产生问题的一组音。发这组音时容易出现的问题是舌尖不够“尖”，也就是舌面前部（舌叶）与上齿龈接触面积过大或过紧，从而产生噪音。另外就是舌尖没有与上齿背成阻，而跑到两齿中间去了，这就是所谓的“大舌头”。

2. 特别提示：注意发音部位的准确。

专项练习

1. 两字词的练习：

z	最早	总则	造作	曾祖
c	苍翠	草丛	寸草	从此
s	思索	僧俗	搜索	琐碎

2. 混合练习：

z、c	杂草	早餐	遵从	座次
z、s	棕色	走私	阻塞	砸碎
c、z	参赞	嘈杂	存在	操作
c、s	醋酸	蚕丝	厕所	粗俗
s、z	塞子	散座	四则	色泽
s、c	私藏	松脆	色彩	酸菜

绕口令练习

子词丝（z、c、s）

四十四个字和词，
组成了一首子词丝的绕口词。
桃子李子梨子栗子橘子柿子槟子榛子，
栽满院子村子和寨子。
刀子斧子锯子凿子锤子钉子刨子尺子做出桌子椅子和箱子。

名词动词数词量词代词副词助词连词造成语词诗词和唱词。

蚕丝生丝热丝缫丝染丝晒丝纺丝织丝自制粗丝细丝人造丝。

短文练习

翠 鸟[①]

翠鸟喜欢停在水边的苇秆上，一双红色的小爪子紧紧地抓住苇秆。它的颜色非常鲜艳。头上的羽毛像橄榄色的头巾，绣满了翠绿色的花纹。背上的羽毛像浅绿色的外衣。腹部的羽毛像赤褐色的衬衫。它小巧玲珑，一双透亮灵活的眼睛下面，长着一张又尖又长的嘴。

翠鸟鸣声清脆，爱贴着水面疾飞，一眨眼，又轻轻地停在苇秆上了。它一动不动地注视着泛着微波的水面，等待游到水面上来的小鱼。

小鱼悄悄地把头露出水面，吹了个小泡泡。尽管它这样机灵，还是难以逃脱翠鸟锐利的眼睛。翠鸟蹬开苇秆，像箭一样飞过去，叼起小鱼，贴着水面往远处飞走了。只有苇秆还在摇晃，水波还在荡漾。

我们真想捉一只翠鸟来饲养。老渔翁看了看我们说："孩子们，你们知道翠鸟的家在哪里？沿着小溪上去，在那陡峭的石壁上。它从那么远的地方飞到这里来，是要和你们做朋友的呀！"

我们的脸有些发红，打消了这个念头。在翠鸟飞来的时候，我们远远地看着它那美丽的羽毛，希望它在苇秆上多停一会儿。

普通话声母发音综合练习

同是说母语，南北差别大。
各有薄弱点，努力克服它。
"河南"说"荷兰"，鼻音有混杂。
"废话"说"绘画"，齿音缺摩擦。

① 菁莽.翠鸟[M]//课程教材研究所，小学语文课程教材研究开发中心.语文：三年级下册.北京：人民教育出版社，2010：45.

"四"和"十"打架，平翘没分家。
辨清难点音，其实不可怕。
发音如准确，情传意又达。
学好普通话，开创新天地。

这首"推普五字歌"，提到了学习声母可能遇到的几大问题。为了突破难点，加强重点，我们特意为你选取了一些绕口令、古诗词、句段、篇章等材料来强化训练，目的是循序渐进，从"小"到"大"——既练习小单位的基本音准，又在实际表达的大单位中力求将声母运用自如。

单音节、双音节这些小单元的练习是为了让学习者从细节上更好地把握发音，如同学习解剖学，了解人的肢体局部构造是为了更好地掌握人的肌体运行规律。但是，学习声母发音不是把音节发成以单音节为零件的组装体，而是要到语言的表达单位里去磨合，到活的语言当中去运用。

◆ 绕口令

绕口令的最大特点是"绕"，也就是"拗口"。它是学习语言艺术的必修课。正是在"绕"的过程当中锻炼"舌""唇""齿"相互配合的技巧，所以它被形象地称为"口腔体操"。

初练绕口令时，速度要慢，以保证发音准确。掌握了发音动作和技巧后，就可以逐步加快速度了。

双唇音的练习

八百标兵（b、p）

八百标兵奔北坡，炮兵并排北边跑。
炮兵怕把标兵碰，标兵怕碰炮兵炮。

买饽饽（b、p、m）

白伯伯，彭伯伯，饽饽铺里买饽饽。
白伯伯买的饽饽大，彭伯伯买的大饽饽。

拿到家里喂婆婆,婆婆又去比饽饽。
不知白伯伯买的饽饽大,还是彭伯伯买的饽饽大?

一座棚(b、p、f)

一座棚傍峭壁旁,峰边喷泻瀑布长。
不怕暴雨瓢泼冰雹落,不怕寒风扑面雪飘扬。
并排分班翻山攀坡把宝找,聚宝盆里松柏飘香百宝藏。
背宝奔跑报矿炮劈火,篇篇捷报飞伴金凤凰。

唇齿音的练习

化肥会挥发(f、h)
黑化肥发灰,灰化肥发黑;
黑化肥发灰会挥发,灰化肥挥发会发黑;
黑化肥挥发发灰会花飞,灰化肥挥发发黑会飞花。

舌尖中音的练习

颠倒歌(d、t、l)

太阳从西往东落,听我唱个颠倒歌。
天上打雷没有响,地下石头滚上坡;
江里骆驼会下蛋,山里鲤鱼搭成窝;
腊月苦热直流汗,六月爆冷打哆嗦;
姐在房中头梳手,门外口袋把驴驮。

鸟和猫 (n)

树上一只鸟,地上一只猫。
地上的猫想咬树上的鸟,树上的鸟想啄猫的毛。

牛郎恋刘娘(n、l)

牛郎恋刘娘,刘娘念牛郎。

牛郎连连恋刘娘，刘娘年年念牛郎。
郎恋娘来娘念郎。

舌根音的练习

小华和胖娃（h）

小华和胖娃，两人种花又种瓜。
小华会种花不会种瓜，胖娃会种瓜不会种花。
小华教胖娃种花，胖娃教小华种瓜。

舌面音的练习

亮晶晶（j、x）

一颗星，亮晶晶；两颗星，眨眼睛；
许多许多小星星，数呀数不清。
一颗星，孤零零；两颗星，放光明；
三四五六许多星，照得满天亮晶晶。

舌尖后音的练习

数狮子（s、sh）

公园有四排石狮子，
每排是十四只大石狮子。
每只大石狮子背上是一只小石狮子，
每只大石狮子脚边是四只小石狮子。
史老师领四十四个学生去数石狮子，
你说共数出多少只大石狮子和多少只小石狮子？

湿字纸（z–zh、s–sh）

刚往窗上糊字纸，

你就隔着窗户撕字纸。
一次撕下横字纸，
一次撕下竖字纸，
横竖两次撕了四十四张湿字纸。
是字纸你就撕字纸，
不是字纸，
你就不要胡乱地撕一地纸。

任命、人名(r)

任命是任命，人名是人名。
任命人名不能错，错了人名错任命。

舌尖前音的练习

石狮子，涩柿子(s–sh)

山前有四十四棵死涩柿子树，
山后有四十四只石狮子。
山前的四十四棵死涩柿子树，
涩死了山后的四十四只石狮子。
山后的四十四只石狮子，
咬死了山前的四十四棵死涩柿子树。
不知是山前的四十四棵死涩柿子树涩死了山后的四十四只石狮子，
还是山后的四十四只石狮子咬死了山前的四十四棵死涩柿子树。

飞船(c–ch)

飞船船舱三张床，
船长身长船床长，
船舱船床分两旁，
船床靠船有长窗，
窗外点点有星光。

◆ 古诗

诗文语言凝练，意境深远，每一个音节所蕴含的信息和情感都很丰富，也是我们练习的好材料。请记住，表达时一定要在对内容充分理解和深入挖掘的基础上，做到字音准确清晰、圆润饱满，充分体现我们感受到的诗词的内蕴和情致，用声音营造出诗的意境。

鹿　柴

〔唐〕王维

空山不见人，但闻人语响。
返景入深林，复照青苔上。

子夜秋歌

无名氏

秋风入窗里，罗帐起飘扬。
仰头看明月，寄情千里光。

易水送别

〔唐〕骆宾王

此地别燕丹，壮士发冲冠。
昔时人已没，今日水犹寒。

宿建德江

〔唐〕孟浩然

移舟泊烟渚，日暮客愁新。
野旷天低树，江清月近人。

七步诗

〔东汉〕曹植

煮豆燃豆萁，豆在釜中泣。
本是同根生，相煎何太急？

登鹳雀楼

〔唐〕王之涣

白日依山尽，黄河入海流。
欲穷千里目，更上一层楼。

春　晓

〔唐〕孟浩然

春眠不觉晓，处处闻啼鸟。
夜来风雨声，花落知多少。

春　日

〔南宋〕朱熹

胜日寻芳泗水滨，无边光景一时新。
等闲识得东风面，万紫千红总是春。

忆江南

〔唐〕白居易

江南好，风景旧曾谙。
日出江花红胜火，春来江水绿如蓝。
能不忆江南。

乌衣巷

〔唐〕刘禹锡

朱雀桥边野草花，乌衣巷口夕阳斜。
旧时王谢堂前燕，飞入寻常百姓家。

滁州西涧

〔唐〕韦应物

独怜幽草涧边生，上有黄鹂深树鸣。
春潮带雨晚来急，野渡无人舟自横。

早发白帝城

〔唐〕李白

朝辞白帝彩云间，千里江陵一日还。
两岸猿声啼不住，轻舟已过万重山。

江南逢李龟年

〔唐〕杜甫

岐王宅里寻常见，崔九堂前几度闻。
正是江南好风景，落花时节又逢君。

渔歌子

〔唐〕张志和

西塞山前白鹭飞，桃花流水鳜鱼肥。
青箬笠，绿蓑衣，斜风细雨不须归。

江南春

〔唐〕杜牧

千里莺啼绿映红，水村山郭酒旗风。

南朝四百八十寺，多少楼台烟雨中。

◆ 篇章

篇章练习是声母发音综合训练，是对普通话语音整体驾驭能力的训练，有别于前面局部控制的训练。在具体练习中，要及时发现自己发音上的不足，强化局部控制的成果，做到“缺什么补什么，欠什么练什么”。正因为有了这样不同层面的训练，发音调控能力才能够得到提高。

在篇章练习中，我们的发音单位扩大了，要求自然也提高了，相信你的发音规范程度与自然流畅程度也都会有所提高。

爱莲说① 〔北宋〕周敦颐

水陆草木之花，可爱者甚蕃。晋陶渊明独爱菊。自李唐来，世人盛爱牡丹。予独爱莲之出淤泥而不染，濯清涟而不妖，中通外直，不蔓不枝，香远益清，亭亭净植，可远观而不可亵玩焉。

予谓菊，花之隐逸者也；牡丹，花之富贵者也；莲，花之君子者也。噫！菊之爱，陶后鲜有闻。莲之爱，同予者何人？牡丹之爱，宜乎众矣。

一片槐树叶② 纪弦

这是全世界最美的一片，
最珍奇，最可宝贵的一片，
而又是最使人伤心，最使人流泪的一片：
薄薄的，干的，浅灰黄色的槐树叶。

忘了是在江南，江北，
是在哪一个城市，哪一个园子里捡来的了，
被夹在一册古老的诗集里，

---

① 周敦颐.爱莲说[M]//课程教材研究所，中学语文课程教材研究开发中心.语文：八年级上册.北京：人民教育出版社，2002：172.

② 纪弦.一片槐树叶[M]//语文出版社教材研究中心.语文：八年级下册.北京：语文出版社，2003：46.

多年来，竟没有些微的损坏。

蝉翼般轻轻滑落的槐树叶，
细看时，还沾着些故国的泥土哪。
故国哟，啊啊，要到何年何月何日
才能让我再回到你的怀抱里
去享受一个世界上最愉快的
飘着淡淡的槐花香的季节？

永久的悔[①] 季羡林

我这永久的悔就是：不该离开故乡，离开母亲。

我出生在鲁西北一个极端贫困的村庄里。母亲当然亲身经历了这个巨大的变化。可惜，当我同母亲住在一起的时候，我只有几岁，告诉我，我也不懂。所以，我们家这一次陡然上升，又陡然下降，只像是昙花一现，我到现在也不完全明白。这谜恐怕要成为永恒的谜了。

不管怎样，我们家又恢复到从前那种穷困的情况。后来听人说，我们家那时只有半亩多地。这半亩多地是怎么来的，我也不清楚。一家三口人就靠这半亩多地生活。城里的九叔当然还会给点接济，然而像中湖北水灾奖那样的事儿，一辈子有一次也不算少了。九叔没有多少钱接济他的哥哥了。

家里日子是怎样过的，我年龄太小，说不清楚。反正吃得极坏，这个我是懂得的。按照当时的标准，吃“白的”（指麦子面）最高，其次是吃小米面或棒子面饼子，最次是吃红高粱饼子，颜色是红的，像猪肝一样。“白的”与我们家无缘。“黄的”（小米面或棒子面饼子颜色都是黄的）与我们缘分也不大。终日为伍者只有“红的”。这“红的”又苦又涩，真是难以下咽。但不吃又害饿，我真有点谈“红”色变了。

我在母亲身边只待到六岁，以后两次奔丧回家，待的时间也很短。现在我回忆起来，连母亲的面影都是迷离模糊的，没有一个清晰的轮廓。特别有一点，让我难解而又易解：我无论如何也回忆不起母亲的笑容来，她好像是一辈子都没有笑过。家境贫困，儿子远离，她受尽了苦难，笑容从何而来呢？有一次我回家听对面的宁

---

① 季羡林.永久的悔[M]//语文出版社教材研究中心.语文：八年级上册.北京：语文出版社，2003：6-9.

大婶子告诉我说:“你娘经常说:‘早知道送出去回不来,我无论如何也不会放他走的!’”简短的一句话里面含着多少辛酸、多少悲伤啊!母亲不知有多少日日夜夜,眼望远方,盼望自己的儿子回来啊!然而这个儿子却始终没有归去,一直到母亲离开这个世界。

敬畏生命[①] 张晓风

那是一个夏天的长得不能再长的下午,在印第安纳州的一个湖边。我起先是不经意地坐着看书,忽然发现湖边有几棵树。正在飘散一些白色的纤维。大团大团的,像棉花似的,有些飘在草地上,有些飘入湖水里。我当时没有十分注意,只当是偶然风起所带来的。

可是,渐渐地我发现情况简直令人吃惊。好几个小时过去了,那些树仍旧浑然不觉地在飘送那些小型的云朵,倒好像是一座无限的云库似的。整个下午,整个晚上,漫天都是那种东西。第二天的情形完全一样,我感到诧异和震撼。

其实小学的时候,就知道有一类种子是靠风力吹动纤维播送的。但也只是知道一道测验题的答案而已。那几天真的看到了,满心所感到的是一种折服——一种无以名之的敬畏。我几乎是第一次遇见生命——虽然是植物的。

我感到那云状的种子在我心底强烈地碰撞上什么东西,我不能不被生命豪华的、奢侈的、不计成本的投资所感动。也许,在不分昼夜地飘散之余,只有一颗种子足以成树,但造物主乐于做这样惊心动魄的壮举。

我至今仍然在沉思之际想起那一片柔媚的湖水,不知湖畔那群种子中有哪一颗成了小树。至少,我知道,有一颗已经成长。那颗种子曾遇见了一片土地,在一个过客的心之峡谷里蔚然成荫,教会她怎样敬畏生命。

① 张晓风.敬畏生命[M]//王嘉陵,张育人,罗洁.精美散文:哲理·文化卷.武汉:长江文艺出版社,1995:211.

思考练习题

一、根据自己声母发音的问题，填写“声母自我评价表”。

声母自我评价表

所在方言区：　　　班级：　　　姓名：

声母发音错误	声母发音缺陷	举例	解决方案

二、课后朗读练习

请用普通话将下面的稿子读给你的朋友听。

海滨仲夏夜　峻青

夕阳落山不久，西方的天空，还燃烧着一片橘红色的晚霞。大海，也被这霞光染成了红色，而且比天空的景色更要壮观。因为它是活动的，每当一排排波浪涌起的时候，那映照在浪峰上的霞光，又红又亮，简直就像一片片霍霍燃烧着的火焰，闪烁着，消失了。而后面的一排，又闪烁着，滚动着，涌了过来。

天空的霞光渐渐地淡下去了，深红的颜色变成了绯红，绯红又变为浅红。最后，当这一切红光都消失了的时候，那突然显得高而远了的天空，则呈现出一片肃穆的神色。最早出现的启明星，在这蓝色的天幕上闪烁起来了。它是那么大，那么亮，整个广漠的天幕上只有它在那里放射着令人注目的光辉，活像一盏悬挂在高空的明灯。

夜色加浓，苍空中的“明灯”越来越多了。而城市各处的真的灯火也次第亮了起来，尤其是围绕在海港周围山坡上的那一片灯光，从半空倒映在乌蓝的海面上，随着波浪，晃动着，闪烁着，像一串流动着的珍珠，和那一片片密布在苍穹里的星斗互相辉映，煞是好看。

在这幽美的夜色中，我踏着软绵绵的沙滩，沿着海边，慢慢地向前走去。海水，轻轻地抚摸着细软的沙滩，发出温柔的//唰唰声。晚来的海风，清新而又凉爽。我的心里，有着说不出的兴奋和愉快。

夜风轻飘飘地吹拂着，空气中飘荡着一种大海和田禾相混合的香味儿，柔软的沙滩上还残留着白天太阳炙晒的余温。那些在各个工作岗位上劳动了一天的人们，三三两两地来到这软绵绵的沙滩上，他们浴着凉爽的海风，望着那缀满了星星的夜空，尽情地说笑，尽情地休憩。

（《普通话水平测试实施纲要》作品 12 号）

训练秘诀

要想字音响又圆,拉开立起是关键

吐字圆润像枣核,唇形舌位要兼顾

要想发好各韵母,中庸之道要记牢——

开音稍闭,闭音稍开

前音稍后,后音稍前

圆唇扁发,扁唇圆发

第四章 普通话韵母
——让你的字音圆润动听

一位从西北某地来京的游客搭乘一路公交车去建国门，拿出一张5元人民币给售票员："见过么（建国门）。"售票员没反应。西北人以为钱不够，又拿出一张50元面值的钞票："见过么。"售票员急了，拿出一张一百元的钞票展示给西北人："这个你见过么?!"西北人恍然大悟，有点儿不好意思地说："我是要到终点站见-过—么（建国门）。"

但凡久居北京的人都听过这个笑话，西北人因为发不准前后鼻音，将"建国门"说成"见过么"，引起误会。不过，请先别笑话西北人，如果你也来自方言区，有可能也会闹笑话。比如——

◇ 如果你来自辽宁大连，很可能将"我喜欢吃梨"说成"我喜欢吃雷"，乍一听，真会吓人一跳：雷怎么能吃呢?!

◇ 如果你来自广东，很可能将"我取钱"说成"我缺钱"，此场景如果发生在银行的话，后果不堪设想。

◇ 如果你来自广西西北某地，可能会将"我昨天下河抓了一条大鱼"说成"我昨天下河抓了一条大姨"。

◇ 如果你来自内蒙古西部或山西某地，也许会将"天空"说成"贴孔"，令人莫名其妙……

你看，普通话韵母的发音多么重要！如果发不准确，就会产生歧义，影响人际交流与沟通。

这一章为你介绍普通话韵母的发音要领。想要让你的发音圆润饱满、柔和动听吗？好好学习下面的内容：

◇ 什么是韵母

◇ 韵母的分类

◈ 单韵母的发音要领

◈ 复韵母的发音要领

◈ 鼻韵母的发音要领

我们会在每一节为你详细讲解韵母的发音特点与要领,以及准确发音的训练秘诀,并配以相关练习让你体会发音要领。

在开始学习之前,请你留意一下,生活中是不是经常遇到这样的情况:有的人总喜欢板着脸说话,无论说什么都让人感觉冷冰冰的,但相处一段时间后你会发现,其实他是一个非常善良热情的人,有时甚至不乏风趣幽默。为什么会这样呢?除去性格、语境等因素之外,这当中一个重要的原因,就是一些不良的语言表达习惯给他罩上了一层冰冷的外壳。比如懒得张嘴、咬着后槽牙说话、面部表情僵硬等,说出的话冷冰冰的,给人漫不经心或冷漠的印象。

如果你进一步观察,还会发现能否拥有极具亲和力的“暖声”,给人春天般温和的感觉,与韵母圆润舒展的发声状态密切相关。

举一个例子,被网民评为“人红戏不红”的某著名演员习惯说话“不动嘴”,无论是接受电视采访还是进行表演创作,说出的话常常情感色彩单一、寡淡无味,其演技也常因薄弱的台词功底而饱受诟病。而另一些演员如陈道明、何冰、杨立新、王志文、王学圻等,出色的台词功底为他们的表演提供了强大“助力”。对我们来说,观看他们的表演无疑是一种享受。

一些受过良好训练的播音员、主持人,如敬一丹、李瑞英、海霞等,善于通过声音塑造自己的媒介形象,在清晰明朗的语言表达中,展示出或大气稳健,或亲和睿智的个性魅力。

毋庸置疑,学习和掌握韵母的正确发音,养成良好的发声习惯,对我们的工作和生活都十分有益。

什么是韵母

按汉语语音学的传统分析方法,汉语音节中声母以后的部分叫作韵母。

普通话中有 39 个韵母。有的由单元音充当,如 bā(八)、ná(拿);有的由复合元音充当,如 hǎo(好)、liǎo(了);还有的由元音加上鼻辅音 n 或 ng 构成,如 dān

(担)、dāng(当)。

在普通话中,完全由元音构成的韵母有23个,约占韵母的59%;由元音加上辅音构成的韵母(即鼻韵母)有16个,约占韵母的41%。

元音的发音响亮、圆润、干净、通畅。普通话之所以给人音韵美的感觉,像是音乐在流动,就是因为元音在普通话语音中占有绝对优势。我们以唐朝诗人柳宗元的《江雪》为例,体会一下汉语音节中由元音带来的音韵美与意境美。

千山鸟飞绝,万径人踪灭。
孤舟蓑笠翁,独钓寒江雪。

普通话的音韵美在现代文中也有所体现。比如《普通话水平测试实施纲要》中的第29号作品《莫高窟》:

在浩瀚无垠的沙漠里,有一片美丽的绿洲,绿洲里藏着一颗闪光的珍珠。这颗珍珠就是敦煌莫高窟。它坐落在我国甘肃省敦煌市三危山和鸣沙山的怀抱中。

鸣沙山东麓是平均高度为十七米的悬崖。在一千六百多米的崖壁上,凿有大小洞窟七百余个,形成了规模宏伟的石窟群。其中四百九十二个洞窟中,共有彩色塑像两千一百余尊,各种壁画共四万五千多平方米。莫高窟是我国古代无数艺术匠师留给人类的珍贵文化遗产。

莫高窟的彩塑,每一尊都是一件精美的艺术品。最大的有九层楼那么高,最小的还不如一个手掌大。这些彩塑个性鲜明,神态各异。有慈眉善目的菩萨,有威风凛凛的天王,还有强壮勇猛的力士……

朗读完这个描写莫高窟的片段,你是不是可以体会到从声音到情感表达都是热情明朗的呢?对了,这就是元音的作用——让你在自然表述的过程中,不经意地就被语句中温和明朗的词语所感染,继而被文字要表达的情感所吸引,发自内心地去关注、去探寻、去尊敬莫高窟,这就是普通话的魅力所在!

可以这么说,因为元音的存在,普通话充满了律动的乐感,从而成为世界上公认的最优美的语言之一。

元音的发音特点

汉语普通话中有32个音素，其中辅音音素22个，元音音素10个。10个元音音素分别是舌面元音 ɑ、o、e、ê、i、u、ü（7个），特殊元音-i（前）、-i（后）以及卷舌元音 er（3个）。

元音：音素的一种。发音时气流在口腔中不受明显阻碍，呼出气流较弱，发音器官肌肉均衡紧张，声带颤动，声音响亮清晰，都是乐音。①

韵母的主要组成部分是元音，但请记住：元音不等于韵母，因为韵母最少有1个元音，也可以由2个或3个元音组成；韵母中也可以由辅音 n 和 ng 来充当韵尾，比如 chōnglàng（冲浪）。

元音的发音特点有4个②——

1. 圆润、响亮、通畅，乐音成分多（普通话语音中没有无元音的音节）。
2. 发元音时，气流在口腔中不受阻碍，畅通无阻。
3. 发音器官均衡紧张，不像辅音只有阻碍气流的那部分肌肉紧张。
4. 声带颤动，不用较强的气流就能产生乐音，声音响亮。

我们可以用一段简单易读的绕口令《白石塔》来感受一下普通话元音圆润、响亮、通畅且富有乐感的特点。

白石塔，白石搭。
白石搭白塔，白塔白石搭。
搭好白石塔，白塔白又大。

韵母的结构：韵头+韵腹+韵尾

韵母由韵头、韵腹、韵尾三部分组成。韵头有 i、u、ü；韵母由单元音充当的，该元音就是韵腹；由2个或3个元音充当韵母时，其中口腔开度最大、声音最响亮的那个元音就是韵腹；韵腹后面的元音或辅音就是韵尾。例如，diàn（电），韵头是 i，韵腹是

---

① 吴弘毅.实用播音教程：第一册普通话音和播音发声[M].北京：北京广播学院出版社，2002：7，36.
② 王浩瑜.跟我说普通话[M].北京：中国传媒大学出版社，2009：71.

ɑ,韵尾是 n。

请记住:一个韵母可以没有韵头或韵尾,但是不可以没有韵腹。比如,啊(ā)。

普通话音节中韵头、韵腹和韵尾的划分情况,详见表 4-1[①]:

表 4-1 普通话音节中韵头、韵腹和韵尾的划分情况

例字(类型)	字头	字腹	字尾	
	声母	韵母		
		韵头	韵腹	韵尾
变(头腹尾全)	b	i	ɑ	n
班(头腹尾全)	b		ɑ	n
烟(头腹尾全)		i	ɑ	n
安(无字头)			ɑ	n
别(无字尾)	b	i	e	
巴(无字尾)	b		ɑ	
阿(无字头、字尾)			ɑ	

韵母的作用[②]

第一,区别词义。如果音节中声母和声调相同,而韵母不同,意思就会产生差别。例如,qiézi(茄子)—quézi(瘸子);lànmàn(烂漫)—làngmàn(浪漫);mínxīn(民心)—míngxīng(明星)。发不好韵母,就有可能混淆词义,影响交流。

第二,使音节饱满响亮。音节中最响亮的就是韵母中的主要元音,即韵腹。这是因为主要元音的开口度较大,口腔共鸣丰富,增加了音节的"拉开立起"之势;加上声调的作用,音节变得充实响亮、饱满挺拔,形成了抑扬顿挫的音乐美感。

韵母的分类

普通话韵母有两种分类标准:一是根据韵母开头元音发音的口形分为"四呼";二是根据韵母的结构情况分为单韵母、复韵母和鼻韵母。

---

① 吴弘毅.实用播音教程:第一册普通话语音和播音发声[M].北京:北京广播学院出版社,2002:304.

② 姚喜双.普通话口语教程[M].北京:高等教育出版社,2009:55.

如表 4-2①：

表 4-2　韵母四呼

开口呼	齐齿呼	合口呼	撮口呼
-i(前)、-i(后)	i	u	ü
a	ia	ua	
o		uo	
e			
ê	ie		üe
er			
ai		uai	
ei		uei	
ao	iao		
ou	iou		
an	ian	uan	üan
en		uen	
	in		ün
ang	iang	uang	
eng		ueng	
	ing	ong	iong

◆ 按唇形特点划分：四呼

在汉语传统的音韵学中，按照韵母开头元音发音的口形，可将韵母分为“四呼”。②

开口呼：不是 i、u、ü 或不以 i、u、ü 开头的韵母，如 a、o、e、ai 等。发音时，虽然开口呼韵母的唇形和舌位不同，有的扁唇，有的展唇，还有的圆唇，但它们有一个共同点，就是“力发于喉”——发音时着力点集中在喉部，感觉喉部以及周围肌肉较为紧张。你可以发一个“好”来体会。

齐齿呼：i 或以 i 开头的韵母，如 i、ia、iao、ian、in 等。发音时“力发于齿”，着力点

① 马显彬.普通话训练教程[M].广州：暨南大学出版社，2007：46.

② 姚喜双.普通话口语教程[M].北京：高等教育出版社，2009：57.

是后槽牙,整个后槽牙(牙关),即口腔中后部较为紧张。你可以发"地理"来体会。

合口呼:u 或以 u 开头的韵母,如 u、ua、uo、uan、ueng 等。发音时"力在满口"——整个口腔内部肌肉有均衡紧张感。你可以发"狂妄"来体会。

撮口呼:ü 或以 ü 开头的韵母,如 ü、üe、üan、ün 等。发音时"力在上唇"——发力于上唇,两嘴角同时保持一定力度。你可以发"女婿"来体会。

◆ 按音节结构划分:单韵母、复韵母、鼻韵母

第一,单韵母(10 个),也叫单元音韵母,是由一个元音构成的韵母。普通话有 10 个单韵母,其中舌面元音有 ɑ、o、e、ê、i、u、ü 7 个;舌尖元音有 2 个,即-i(前)和-i(后);卷舌元音 er。

第二,复韵母(13 个),由 2 个或 3 个元音构成的韵母,又叫复元音韵母。复韵母中开口度最大、声音最响亮的部分,就叫响元音。根据响元音在韵母中的位置,复韵母可分为前响复韵母、中响复韵母和后响复韵母。

前响复韵母(4 个):ɑo、ɑi、ou、ei,是响元音处在前面的复韵母。其由两个元音复合而成,前一个元音是韵腹,后一个元音是韵尾。发音时,前一个音素念得重而响亮,后一个音素念得轻而短,即前响后轻,所以叫前响复韵母。

中响复韵母(4 个):iɑo、iou、uɑi、uei,是响元音处在中间的复韵母。其由 3 个元音复合而成,前一个元音是韵头,中间的是韵腹,后一个是韵尾。发音时,两头轻、短,中间响亮,气流贯通,所以叫中响复韵母。

后响复韵母(5 个):iɑ、ie、uɑ、uo、üe,是响元音处在后面的复韵母。其由 2 个元音复合而成,前一个元音是韵头,后一个是韵腹。发音时,前一个音素念得轻而短,后一个念得重些亮些,即前轻后重,所以叫后响复韵母。

第三,鼻韵母(16 个),也叫鼻尾音韵母,即带有鼻辅音的韵母,可分为前鼻音韵母和后鼻音韵母。

前鼻音韵母(8 个):由元音和前鼻音韵尾 n 构成。有 ɑn、en、iɑn、in、uɑn、uen、üɑn、ün。

后鼻音韵母(8 个):由元音和后鼻音韵尾 ng 构成。有 ɑng、ong、eng、iɑng、iong、ing、uɑng、ueng。

单韵母的发音要领

学习和掌握韵母发音，一要力求准确，二要发得饱满、圆润和响亮。

如何能做到这两点呢？

很简单，你要学会把握“中庸之道”——无论是单韵母、复韵母或鼻韵母的发音，都要遵循“开音稍闭、闭音稍开、前音稍后、后音稍前、圆唇扁发、扁唇圆发”的基本原则，避免将音节中的某一音素发到极限，致使声音闷暗、单薄。

◆ 单韵母的发音特点

第一，发音时，舌位、唇形和开口度按发音要求维持发音状态，始终不变，没有发音动程（在发音过程中，口腔保持均衡紧张状态，保持不动）。

第二，单韵母的不同音色是由舌位高低（即开口度的大小）、舌位前后和唇形圆展等因素造成的。

由此，要想发好单韵母，必须兼顾唇形和舌位。

舌位高低：“舌位”就是发音时舌面隆起部分的最高点（即距上颚最近的一点），也叫“舌高点”。发音时，它与上颚距离近，舌位就高，口腔开度就小，这样发出的元音叫“高元音”，也叫“窄元音”，如 i；它与上颚距离远，舌位就低，口腔开度大，这样发出的元音叫“低元音”，也叫“宽元音”，如 ɑ。

舌位前后：舌位隆起最高点（舌高点）在上颚前部叫“舌位前”，发出的元音叫“前元音”，如 i、ü；舌高点在上颚后部叫“舌位后”，发出的元音叫“后元音”，如 o、u；舌高点在中央，发出的元音叫“央元音”，如 ɑ。

唇形圆展：在相同舌位状态下，由于唇形不同，会形成两个不同的元音。比如，i—ü，e—o。

7 个舌面单韵母 ɑ、o、e、ê、i、u、ü，发音时主要是舌面起作用。不同的舌面元音由口腔的不同状态来决定，而发音时口腔形状的变化又与舌位的高低、前后以及唇形的圆展有直接关联（图 4-1）。

ɑ：央低不圆唇元音　　　　o：后半高圆唇元音

e：后半高不圆唇元音　　　ê：前半低不圆唇元音

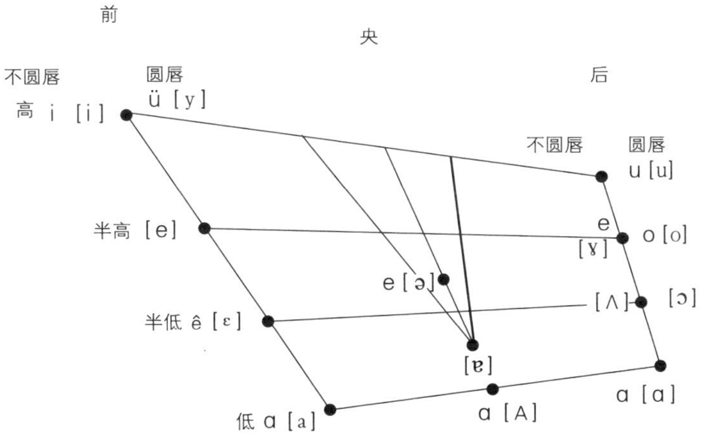

图 4-1 舌面元音舌位

i ：前高不圆唇元音　　　　　　u：后高圆唇元音

ü：前高圆唇元音

舌尖单韵母：-i（前）和-i（后）。发音时舌尖起主要作用，由舌尖活动的前后和唇形的圆展来决定语音音色。

-i（前）——舌尖前不圆唇元音。只出现在声母 z、c、s 后，如“自私”“四次”的韵母。

-i（后）——舌尖后不圆唇元音。只出现在声母 zh、ch、sh、r 后，如“支持”“日食”的韵母。

这两个舌尖单韵母不跟 z、c、s 或 zh、ch、sh、r 外的其他声母相拼，也不能自成音节。

卷舌单韵母 er：发音时带有卷舌动作。er 不跟任何声母相拼，只能自成音节，如“儿”“耳”等。

◆ 单韵母的发音要领

ɑ[A] 央低不圆唇元音

发音时，口腔张开，舌头自然放平，舌尖接触下齿龈，上下齿微露。打开后声腔，呈半打哈欠状，软腭挺起，避免走鼻腔，舌位较低，唇形不圆。

【训练提示】

1. 发音时，打开牙关，喉部和下巴放松，使气流通畅，舌位避免偏前或靠后。

2. 多练习“中 ɑ”，“中 ɑ”舌位在央中最低处。“中 ɑ”与介音 i、u 构成复韵母 iɑ、uɑ，如“压”“挖”“花”等音节，其中的“ɑ”即“中 ɑ”。可以多练习“恰恰”“假牙”“下压”等词语，来体会最响亮、最饱满的“中 ɑ”的发音状态。

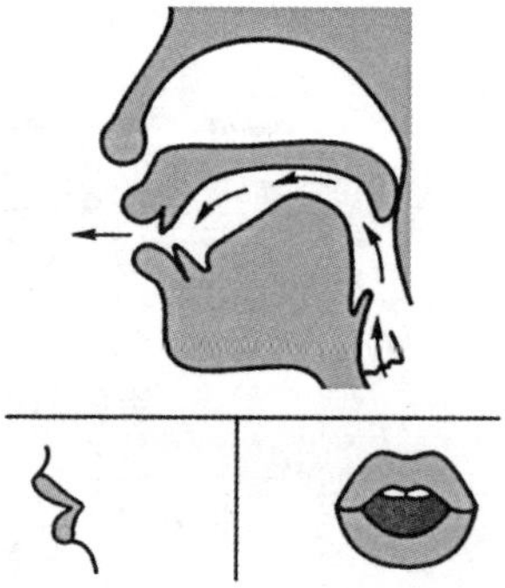

图 4-2　韵母 ɑ 的发音要领

字词练习

阿　巴　擦　搭　发　哈　辣　扎　马　拿

哈达　拉萨　喇叭　拉杂　大妈　沙发　大巴　打靶

o[o] 后半高圆唇元音

发音时，口腔半闭，舌头后缩，舌根抬起，舌高点偏后，舌面两边微卷，舌中部凹进。发音时，要注意保持唇形，否则容易发成 e、ou 或 uo。

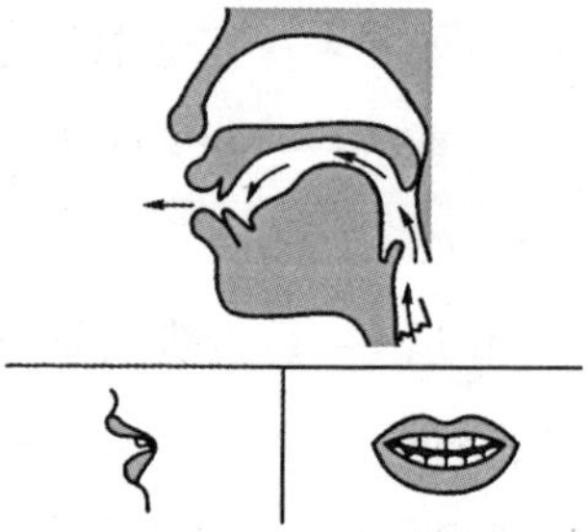

图 4-3　韵母 o 的发音要领

【训练提示】

1. 发音时，双唇要收敛，避免向前噘，上下唇之间要有一个食指宽的距离。

2. 东北方言区的朋友要特别注意 o 和 e 的区别。二者都是后半高元音。区别在于：o 是圆唇音；e 是不圆唇音，唇形是展开的。

字词练习

播　破　摸　佛　伯　魔　泼　博　墨　膜

默默　泼墨　婆婆　伯伯　磨破　薄膜

e[ə] **后半高不圆唇元音**

发音状况与 o 基本相同,区别在于发 e 时唇形不圆,嘴角展开,舌尖稍离下齿背,舌面平,舌高点偏后。

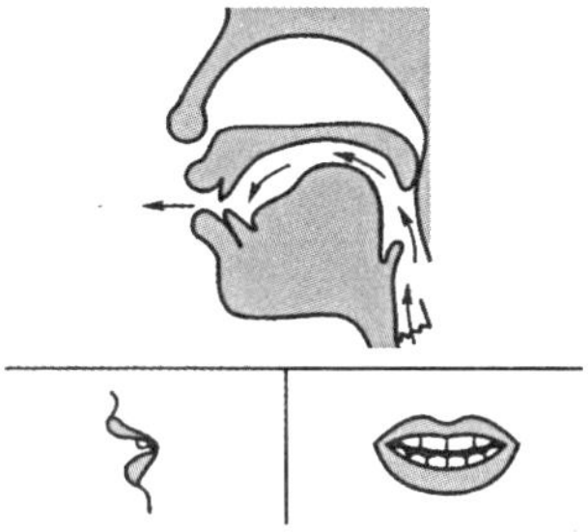

图 4-4 韵母 e 的发音要领

【训练提示】

1. 练习时保持微笑状态,上下齿之间要保持一定距离,这样才能发得更清晰、更完整。

2. 东北方言区的朋友要注意 e 与 o 的唇形对比。

字词练习

得 特 讷 勒 歌 克 喝 哲 车 社

合格 苛刻 特色 色泽 割舍 隔热 社科 折射

ê[ε] **前半低不圆唇元音**

发音时,口半开,舌位半低,舌尖前伸抵住下齿背,嘴唇不拢圆。在普通话中只有"欸"这个字念[ε],经常和 i、ü 连用,构成复合元音韵母 ie、üe。

由于 ê 不单独使用,通常不太好发这个音,我们可以将"接"和"约"等字音延长来念,最后停止发音时,保持口形、唇形和舌位状态,再重新吸气发音,就是 ê 音了。

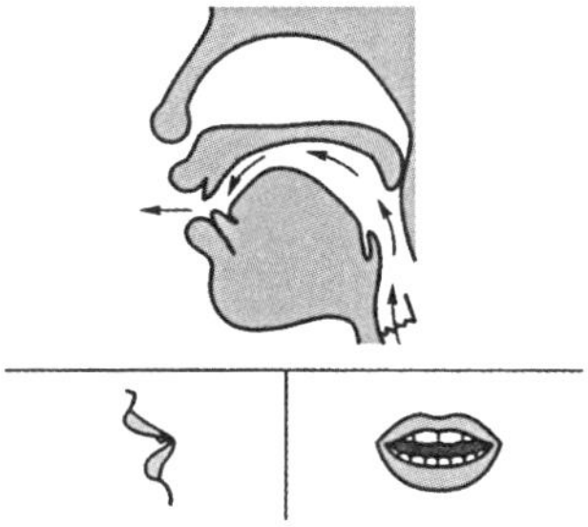

图 4-5 韵母 ê 的发音要领

i[i] **前高不圆唇元音**

发音时,唇形呈扁平状,舌尖前伸抵住下齿背,舌中部稍隆起,舌高点偏前。发这个音时,由于口腔开度较小,声音容易产生摩擦,我们可以尽可能地将口腔打开些,舌位后移一点儿,上下齿中间要有一定距离,这样会发得更清晰。

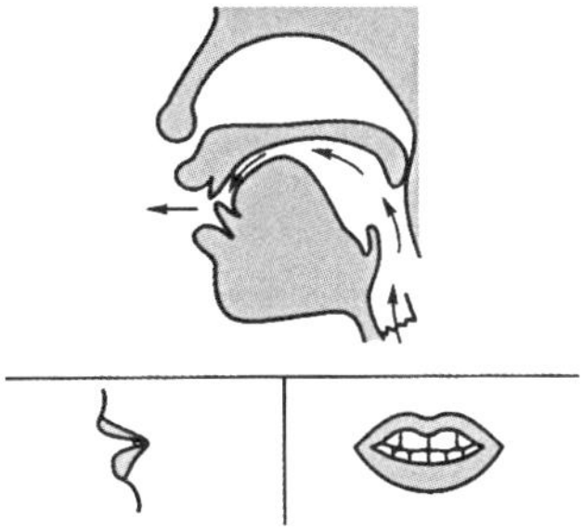

图 4-6 韵母 i 的发音要领

【训练提示】

要注意“窄音宽发”，尽量把口腔打开些，舌位稍后，有意识地延长 i 的发音，可避免音色偏挤、偏窄。

字词练习

比　批　米　你　里　及　起　西　衣　喜

集体　启迪　奇迹　仪器　洗礼　洗衣　利息　议题

u[u]　后高圆唇元音

发音时，双唇拢圆，如吹气状，后舌面上升，使舌根接近软腭。u 音色较暗。

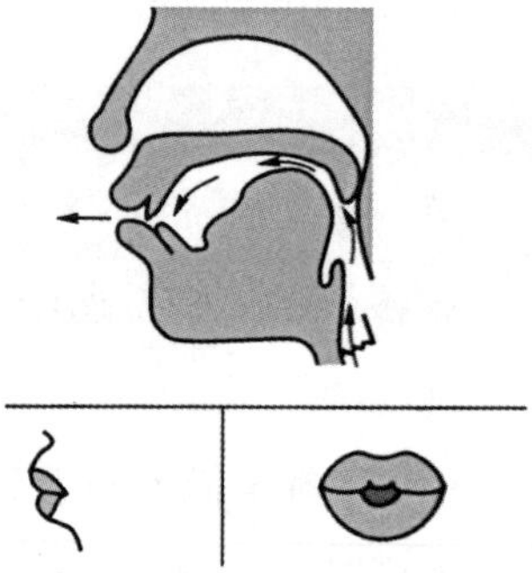
图 4-7　韵母 u 的发音要领

【训练提示】

u 是普通话中舌位最靠后、最高的元音，要注意“后音前发”，即舌位适度前移，口腔开度较小。合口呼韵母“力在满口”的感觉有助于减少唇的无力感，避免音色偏暗。

字词练习

不　普　目　扶　读　图　努　路　出　书

朴素　祝福　出租　无辜　初步　读物　目录　鼓舞

ü[y]　前高圆唇元音

发音状况与 i 基本相同，但唇形拢圆。

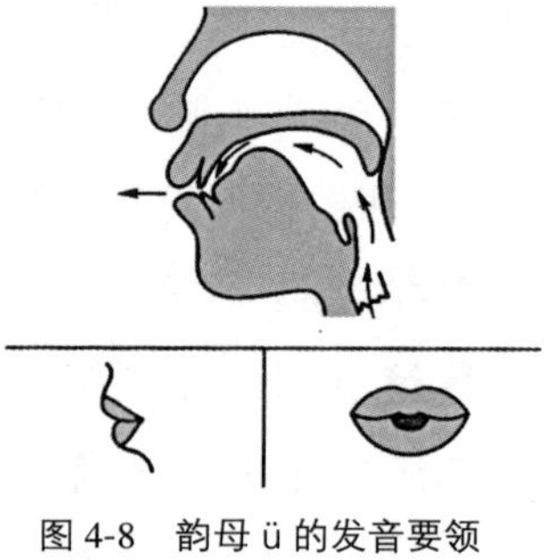
图 4-8　韵母 ü 的发音要领

【训练提示】

1. 方言区的朋友要注意 ü 和 i 的区别，它们都是前高元音，不同之处在于唇形：ü 是圆唇，i 是不圆唇。

2. 由于 ü 是撮口呼韵母，发音时力在上唇，两嘴角同时用力。

字词练习

女　绿　句　区　虚　于　与　居　取　驴

区域 趋于 女婿 语序 聚居 序曲 语句 屈居

-i(前)舌尖前不圆唇元音

发音时,舌尖前伸接近上齿背,气流通路狭窄,气流通过不发生摩擦,嘴唇向两边展开。

用普通话念"兹"并延长,字音后面部分便是 -i(前)。

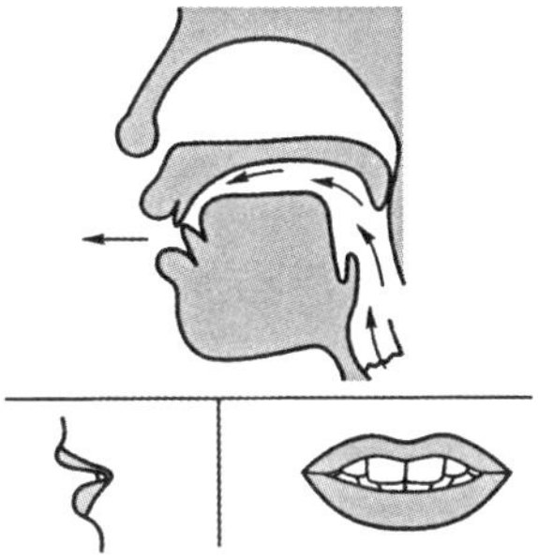

图 4-9　韵母-i(前)的发音要领

【训练提示】

这个音只和 z、c、s 拼合。发音时,舌尖接近下齿龈(或上齿龈),不要咬舌(山东东部的朋友尤其要注意了)。

字词练习

字　词　思　此　紫　刺　似　自

自私 此次 子嗣 四次 赐死 孜孜 刺字 恣肆

-i(后)舌尖后不圆唇元音

发音时,舌尖上翘接近硬腭前部,气流通路狭窄,气流通过不发生摩擦,嘴唇向两边展开。

用普通话念"之"并延长,字音的后面部分就是 -i(后)。

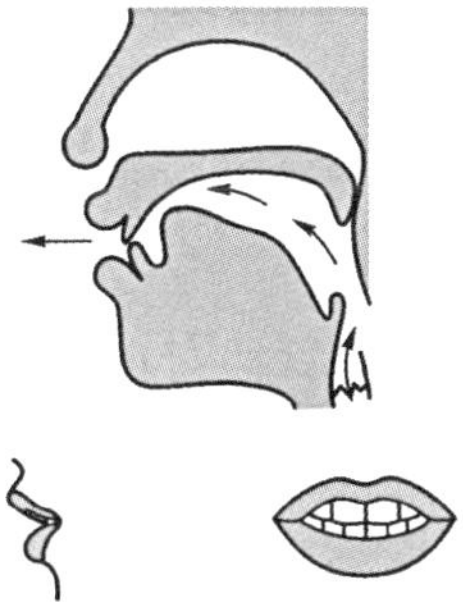

图 4-10　韵母-i(后)的发音要领

【训练提示】

这个音只和 zh、ch、sh 拼合,是翘舌音。南方的朋友要注意舌尖与齿龈后部成阻,不要将舌尖卷起来,否则会将这组音发得混沌,缺乏清晰度。

字词练习

指 之 纸 吃 齿 翅 是 使

知识 制止 史诗 实质 指示 失职 试试 实施

er[ər] **央中不圆唇卷舌元音**

发音时，舌尖接近硬腭并轻轻一卷，发出卷舌元音[ər]。

【训练提示】

1.可以对镜练习。舌尖对着硬腭上部轻巧地向上一卷。如果看不见舌面前部的凹点，这个音可能没发好。

2.数字“二”读音为[ɑr]，其余带 er 的音节读音为[ər]。

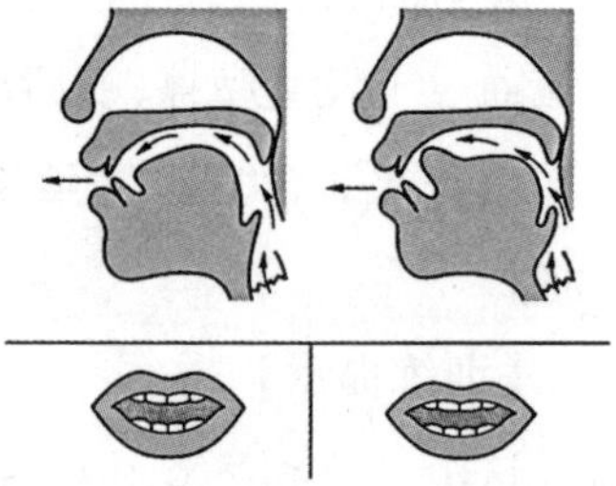

图 4-11 韵母 er 的发音要领

字词练习

二 而 儿 饵

而且 儿女 儿化 而今 二心 二胡 偶尔 儿戏

◆ 单韵母发音准确优美的训练秘诀

如果你想将单韵母发得准确优美，只需要记住三个“训练秘诀”。

◇ 秘诀一：把握“中庸之道”——适度控制韵母宽窄开闭的分寸

单韵母按口腔的开闭分为开元音、闭元音，按舌位的前后分为前元音、后元音，按唇形的圆展分为圆唇元音和扁唇元音。所谓宽窄开闭，是指舌头和上颚间的距离。距离宽的叫开元音或宽元音；距离窄的叫闭元音或窄元音。

什么是“中庸之道”呢？就是在发 ɑ、o、e、i、u、ü 这六个元音时，可以走“中间路线”——采取开音稍闭、闭音稍开、前音稍后、后音稍前、圆唇扁发、扁唇圆发的方法，使声音更为清晰集中、饱满圆润，同时唇形也更自然美观。

开音稍闭：在发 a、o、e 这三个开元音时，口腔开得过大，容易使声音发散，也会造成唇形过咧，不好看。我们可以将口腔开度适度缩小，将力量集中于唇、舌的中纵线上，扩大口腔内部共鸣，感觉 a、o、e 是立着，而不是横着从口腔发出的。这样不仅会使声音更集中、更好听，面部表情也更好看。

闭音稍开：在发 i、u、ü 这三个闭元音时，口腔开度小，容易造成舌头肌肉紧张，导致声劈或声紧，发出的声音容易偏暗，缺少圆润感。我们可以采用闭音稍开的方法，适度地打开口腔，缓解声带的紧张度，避免声音过紧或过暗。

前音后发：前元音 i、ü、ê 的发音位置偏前，把握不当，会使字音显得扁，不够大气、饱满，有些人说话嗲声嗲气就是因为吐字偏前。前音后发，让发音位置适度后移，会使声音听起来更成熟大方。

后音前发：后元音 u、o、e 三个音的发音位置靠后，与唇的距离长，声音容易闷暗。将发音位置适度前移，会增加声音的清晰度和亮度。

圆唇扁发：发圆唇音 u、ü、o 时，双唇向前撮成圆形，好像声腔前部加了个声筒，使声腔延长了，声音容易发闷，而且影响唇形的美观。圆唇扁发，使唇形呈扁圆形，会使声音响亮，唇形也会自然一些。

扁唇圆发：发扁唇音 a、e、i 时，唇形不能太扁，咧得太开，应采用扁唇圆发的方法，使唇形稍圆些，可增加声音的圆润度。

你想改善音色吗？突破口就是 a、o、e、i、u、ü 这六个单元音的发声训练。找到正确合理的发声位置，才能进一步发好复韵母和鼻韵母。

词语练习①

1. 以“开音”带“闭音”，达到“闭音稍开”。

安宁 暗语 傲气 八股 巴黎 当局 办理 保密

2. 以“闭音”带“开音”，达到“开音稍闭”。

激发 机械 沮丧 巨大 孤傲 臂膀 砌墙 毒打

3. 以“前音”带“后音”，达到“后音稍前”。

提高 预告 体格 帝国 阴沟 背后 难过 嗜好

① 吴弘毅.实用播音教程：第一册普通话语音和播音发声[M].北京：北京广播学院出版社，2002：335.

4. 以“后音”带“前音”，达到“前音稍后”。

刚毅 高低 告捷 个别 目的 暴雨 共识 古语

◇ 秘诀二：学会“声挂前腭”——明确声音发出的路线和字音的着力位置，使声音集中、圆润

为了让字音集中、明朗、圆润、穿透力强，也为了发音省力，我们在练习单韵母发音时，要做到“声挂前腭”——让声音沿着软腭、硬腭（即喉腔和口腔）的中纵线推至硬腭的前部（即人中与上唇线交汇处），使字音有挂在硬腭穹隆前部，并经上唇透出口腔的感觉。

在练习时，注意把握力量集中的技巧，即唇与舌尖用力，舌体取收势，力量集中于舌的中纵线上；声音沿口腔的中纵线推至硬腭前部，如子弹从嘴里喷射出去，要有目标感，这样字音会变得明朗、圆润、集中。

◇ 秘诀三：找准唇舌着力点——学会依据“四呼”来找准唇舌的着力点，使发音清楚、集中、省力

音节练习①

ba—da—ga　　pa—ta—ka　　b—a—ba　　p—a—pa

象声词练习

吧嗒嗒 滴溜溜 咕隆隆 噼啪啪 扑通通 呼啦啦 哗啦啦 当啷啷

字词练习

编排 奔跑 爆破 背叛 匹配 坦荡 推动 态度 来龙去脉 来日方长

狼狈不堪 浪子回头 逍遥法外 老生常谈 雷厉风行 两袖清风

---

① 王璐，吴洁茹.新编播音员主持人语音发声训练手册[M].北京：中国国际广播出版社，2006：108.

四呼练习

1. 开口呼单韵母：

ɑ

发痧 旮旯 打靶 喇叭 马趴 喇嘛 腊八 邋遢

o

薄膜 伯伯 磨破 默默 磨墨 饽饽 婆婆 泼墨

e

客车 隔阂 合辙 热河 折射 色泽 苛责 乐得

-i(前)

字字 私自 刺字 自私 四次 恣肆 子嗣 孜孜

-i(后)

实质 日食 史诗 直至 试纸 知识 咫尺 值日

er

耳轮 儿戏 儿女 洱海 鸸鹋 儿孙 儿歌 而已

2. 齐齿呼单韵母：

i

机器 激励 漆皮 习题 脾气 奇迹 栖息 霹雳

3. 合口呼单韵母：

u

补助 舒服 互助 督促 图书 孤独 出路 瀑布

4. 撮口呼单韵母：

ü

语句 女婿 区域 屈居 序曲 旅居 曲剧 渔具

◆ 常见的单韵母发音问题与解决方案

◇ 问题一：将 o 读成 e 或 uo

我们听东北人说“塑料薄膜”“玻璃”等词语时，常常会感到好笑，因为他们会说成“薄(bé)膜”“玻(bē)璃”，将 o 发成了 e；而一些南方方言区如湖南、广西、广东等地的人则容易将 o 读成 uo。

【解决方案】

1. 理论梳理：元音 o 和 e 都是后半高元音，舌位都在口腔后面，根本区别在于 o 是圆唇，e 是不圆唇。

2. 唇形对比法：对镜练习时，发“坡”和“鹅”的延长音，唇形保持不变，在此状态下即可获得正确发音。

3. 对比训练法：遵循字—词—绕口令—古诗词—句段的练习顺序，找准正确的发音，然后争取在短时间内通过大量的对比练习培养正确的发音习惯。

o 和 e 对比练习

颗颗豆子进石磨

颗颗豆子进石磨，磨成豆腐送哥哥。

哥哥说我的生产虽然小，可是小小的生产贡献多。

◇ 问题二：i 和 ü 不分

一些南方方言区如福建、广东、广西等地的人容易出现这个问题，比如将“季节”读成“拒绝”，将“名义”读成“名誉”等。

【解决方案】

1. 理论梳理：i 和 ü 都是前高元音，舌位相同，不同之处在于唇形：i 是展唇音，发音时嘴角稍向左右咧开，唇形是扁平的，可以见到后槽牙（牙关）；发 ü 时，双唇收拢接近圆形，见不到牙齿。

2. 唇形对比法：对镜练习时，发“一”和“吁”的延长音，唇形保持不变，在此状态下即可获得正确发音。

3. 对比训练法：通过大量包含 i 和 ü 的字词、绕口令和句段练习，体会两个元音发音的异同之处，尽快养成正确的发音习惯。

i 和 ü 对比练习

意见—遇见　名义—名誉　里程—旅程

前面—全面　季节—拒绝　经济—京剧

比翼—比喻　大姨—大鱼　戏曲—序曲

遗传—渔船　拟人—女人　起来—取来

王七上街去买席

清早起来雨淅淅，王七上街去买席。

骑着毛驴跑得急，捎带卖蛋又贩梨。

一跑跑到小桥西，毛驴一下失了蹄。

打了蛋，撒了梨，跑了驴，

急得王七眼泪滴，

又哭鸡蛋又骂驴。

◆ 单韵母发音综合训练

【训练提示】

1. 对着镜子找准单元音韵母发音的口形和舌位，尽量保持不变。

2. 保持自信的状态，站姿要正，胸部要挺，舌根和下巴放松，气息畅通，不僵不挤，就像与朋友聊天一样自然放松。

3. 打开口腔，为吐字创造良好的共鸣环境，做到“提、打、挺、松”。

“提”——提颧肌。嘴角像微笑一样略抬起，口腔前部有展宽感，唇齿相依，能够更好地控制吐字的清晰度和明亮度。

“打”——打开牙关。面部肌肉放松，表情亲和自然，打开牙关，有提起上颚双侧后槽牙的感觉，可以丰富喉腔共鸣，使声音清晰、圆润。

“挺”——挺软腭。用半打哈欠的感觉挺起上颚后部，增加口腔空间的同时，可以避免气流进入鼻腔，产生不必要的鼻音。

“松”——松下巴。把注意力集中在提上颚，忽略下巴的存在。这样可以避免下巴往前“铲”，造成字音过挤过窄。

4. 声挂前腭。

如果你一时还兼顾不了以上动作，也不用紧张，可以先张开嘴读一段孟浩然的《春晓》，用开口度较大的音节来体会"提、打、挺、松"的感觉，并以听觉判断字音是否发得清晰饱满。

春晓 〔唐〕孟浩然

春眠不觉晓，处处闻啼鸟。
夜来风雨声，花落知多少。

绕口令练习

妈妈开拉达（ɑ）

妈妈开拉达，爸爸桑塔纳，
娃娃是警察，跨上雅马哈。

打南坡走来个老婆婆（o）

打南坡走来个老婆婆，
两手托着俩笸箩，
左手的笸箩装着菠萝，
右手的笸箩装着萝卜。
不知是左手的笸箩装着的菠萝多？
还是右手的笸箩装着的萝卜多？
说得对送你菠萝和萝卜，
说得不对让你扛着笸箩上山坡。

坡上立着一只鹅（e）

坡上立着一只鹅，坡下就是一条河。
宽宽的河，肥肥的鹅，鹅要过河，河要渡鹅。

不知是鹅过河,还是河渡鹅。

老毕和老季(i)

老毕篱下脱坯,老季窗西喂鸡。
老毕脱坯怕碰跑了老季的鸡,
老季喂鸡怕碰坏了老毕的坯。

顾老五卖谷(u)

村里有个顾老五,穿上新裤去卖谷。
卖了谷,买了布,外加一瓶老陈醋。
肩背布,手提醋,老五急忙来赶路。
走了一里路,看见一只兔。
老五放下布和醋,糊里糊涂去追兔。
刮破了裤,没追上兔,
回来不见了布和醋。

村里新开一条渠(ü)

村里新开一条渠,弯弯曲曲上山去。
河水雨水渠里流,满山庄稼绿油油。

红鲤鱼与绿鲤鱼(ü)

红鲤鱼家有头小绿驴叫李屡屡,
绿鲤鱼家有头小红驴叫吕里里。
红鲤鱼说他家的李屡屡比绿鲤鱼家的吕里里绿,
绿鲤鱼说他家的吕里里比红鲤鱼家的李屡屡红。
不知是绿鲤鱼比红鲤鱼的驴红,
还是红鲤鱼比绿鲤鱼的驴绿。

包饺子[-i(前)]

一个大嫂子,一个大小子,
大嫂子跟大小子比包饺子。
大嫂子包的饺子小又好,
大小子包的饺子小又少。

求真知[-i(后)]

知之为知之,
不知为不知,
唯此才能求真知。

小兰儿买碗儿(er)

有个小孩儿叫小兰儿,口袋装着几个钱儿。
又打醋,又买盐儿,还买了一个小饭碗儿。
小饭碗儿,真好玩儿,红花绿叶镶金边儿,
中间还有小红点儿。

复韵母的发音要领

与单韵母相比,复韵母的发音显得相对复杂一些。不过,清晰、饱满和圆润的吐字要求同样适用于复韵母。

◆ 复韵母的发音特点

1. 复韵母发音时,舌位滑动,有动程,声音连续变化;

2. 复韵母发音时,元音相互影响,发音部位有轻微变化;

3. 复韵母的发音不是简单的两个或三个元音的相加,而是舌位、唇形由一个元音滑动、变化到另一个元音,请记住,是"圆润地滑动",没有哪一个元音单独、明确地表现出来；

4. 无论是二合还是三合复韵母，总有一段元音成分在发音过程中口腔开度最大、声音最响亮，而且发音持续时间相对较长。

◆ 前响复韵母的发音要领

发音时，元音舌位都是由低向高滑动，开头的元音音素响亮、清晰，读得较重、较响，收尾的元音音素则较轻、较短。

◇ ai[ai]

起点元音是前低不圆唇元音[a]。发音时，舌尖抵住下齿背，使舌面前部隆起与硬腭相对。发音动程从“前 a”开始，舌位向 i 方向滑动，大体停在次高元音[i]，口腔开度略小。

【训练提示】

a 音发得较为清晰响亮，i 音发得较短较弱，口腔尽量打开，发音避免偏前。

字词练习

爱 海 才 派 赛 来 在 柴 台 埋

白菜 海带 彩排 拍卖 带来 晒台 开采 买卖

绕口令练习

腌白菜

大哥出门已三天，听说今天要回来。

拿出腌白菜来招待，还有一碟子腌白菜。

◇ ei[ei]

起点元音是前半高不圆唇元音[e]。发音时，舌尖抵住下齿背，使舌面前部(略后)隆起对着硬腭中部，舌高点略偏后。发音动程从[e]开始，舌位升高，向[i]方向滑动，大体停在次高元音[i]。

【训练提示】

前面的音素要发得清晰响亮，后面的音素发得较短、较弱。另外需要注意的是，口腔开度别太大，以免发成“ai”。

字词练习

北 非 美 类 贼 内 黑 给 肥 陪

黑莓 肥美 累赘 美眉 飞贼 飞回 贝类 配备 美味

绕口令练习

贝贝和菲菲

贝贝飞纸飞机，菲菲要贝贝的纸飞机。

贝贝不给菲菲纸飞机，贝贝教菲菲自己做能飞的纸飞机。

◇ ao[au]

起点是后低不圆唇元音[ɑ]。发音时，舌体后缩，舌面后部隆起，从“后 ɑ”向 u 方向滑动，动程较大。o 受 ɑ 的影响，舌位比单发时稍低，唇形略圆。

【训练提示】

注意前音后发，适度地将舌位前移，可以将 ao 发得更清晰。

字词练习

包 跑 毛 到 套 老 号召 高 枣 抄

唠叨 老道 跑道 照抄 报考 冒号 草稿 牢骚

绕口令练习

扔草帽

隔着墙头扔草帽，

也不知草帽套老头儿，

还是老头儿套草帽。

◇ ou[ou]

发音时,唇形椭圆,从舌位靠后的半高圆唇元音 o 开始,舌位向 u 的方向滑动升高,动程较小。

【训练提示】

o 的唇形没有单发时圆,双唇略撮,舌尖微接下齿背。

字词练习

都 斗 头 楼 收购 透露 够 口 后 某 抽

豆蔻 优秀 牛油 抖擞 丑陋 漏斗 喉头 红楼

绕口令练习

清早街上走

清早街上走,走到周家大门口。

门里跳出大黄狗,黄狗要咬我的手。

急忙拿起大石头,黄狗吓得赶忙走。

◆ 中响复韵母的发音要领

舌位先由高向低滑动,再从低向高滑动。开头的元音音素不响亮,中间的元音音素响亮、清晰、时间长,收尾的元音音素轻短、模糊。

◇ iao[iau]

iao 的发音从前高不圆唇元音 i 开始,舌位降至后低元音 ɑ,然后再向后高圆唇元音 u 的方向滑动。发音过程中,舌位先降后升,由前到后,动程大。唇形从中间的元音 ɑ 逐渐变圆。

【训练提示】

由于发音起点和终点都是高元音，容易使折点元音 a 的位置降不下来，口腔开度不能打开，容易与 iou 音色相混淆。

字词练习

桥 小 苗 脚 调 飘 条 表 要 聊

小鸟 疗效 巧妙 吊桥 苗条 缥缈 娇小 逍遥

绕口令练习

猫和鸟

东边庙里有猫，
西边树梢有鸟。
猫鸟天天闹，
不知是猫闹树梢鸟，
还是鸟闹庙里猫。

◇ iou[iou]

iou 的发音由前高不圆唇元音 i 开始，舌位降至半高元音 o，然后再向后高圆唇元音 u 的方向滑动。发音过程中，舌位先降后升，由前到后，曲折幅度大。

【训练提示】

1. 注意口腔开度，以及尾音 u 的唇形，保持字音的准确度。

2. 在汉语拼音方案中写为 iu，但在实际发音时不能省略当中的 o 音，发音动程必须完整。

字词练习

流 就 求 修 牛 油 秀 扭 谬 有

悠悠 牛油 久留 优秀 求救 旧友 舅舅 绣球

绕口令练习

九月九的酒

九月九酿新酒，
好酒出在咱的手，
喝了咱的酒，
上下通气不咳嗽。
喝了咱的酒，
一人敢走青沙口。

◇ uai[uai]

uai 的发音由后高圆唇元音 u 开始，舌位向前滑动至前低不圆唇元音 a，然后再向前高不圆唇元音 i 方向滑动。发音过程中，舌位先降后升，由后到前，曲折幅度大，唇形从 a 逐渐展开。

【训练提示】

u 和 i 发得轻短，a 发得响亮，时值相对长些。

字词练习

怀 外 揣 拽 帅 槐 怪 歪 坏 踹

摔坏 怀揣 外快 拽歪 踹坏 乖乖

绕口令练习

槐树槐

槐树槐，槐树槐，
槐树底下搭戏台。
人家的姑娘都来了，
我家的姑娘还没来。
说着说着就来了，

骑着驴，打着伞，
歪着脑袋上戏台。

◇ uei[uei]

uei 的发音由后高圆唇元音 u 开始，舌位向前滑动，降到前半高不圆唇元音 e[e]偏后靠下的位置，然后再向前高不圆唇元音 i 的方向滑动。发音过程中，舌位先降后升，由后到前，曲折幅度大，唇形从 e 逐渐展开。

【训练提示】

1. 拼写可以简化为 ui，但我们发声时不能简化掉其中的 e，动程展示要明显。

2. 受方言影响，容易出现折点元音 e 的位置偏低、口腔开度偏大、口腔控制偏松的问题，导致发音与前 a 接近，发成与 uai 近似的音。这种情况要尽量避免。

字词练习

为 催 对 会 最 水 贵 亏 岁 尾

归队 汇兑 未遂 回味 水位 垂危 尾随 岁尾

绕口令练习

威威、伟伟和卫卫，拿着水杯去接水。
三人互相让，没人先接水，
一二三排好队，一个一个来接水。

◆ 后响复韵母的发音要领

舌位由高向低滑动，收尾的元音音素响亮、清晰，在韵母中处于韵腹地位；开头的元音音素都是高元音 i、u、ü，发音相对短促、轻弱。

◇ ia[iA]

ia 的起点元音是前高不圆唇元音 i，舌位滑向央低元音 a[A]。i 的发音较短，a 的发音响而长。

【训练提示】

注意“前音后发”，口腔开度不要过大，舌位适度前移。

字词练习

加 恰 夏 假 掐 虾 压 霞 牙 洽

家家 贾家 下嫁 加压 假牙 加价 下压 恰恰

绕口令练习

丫丫和拉拉

丫丫会吹喇叭，
拉拉会折蛤蟆。
丫丫教拉拉吹喇叭，
拉拉教丫丫折蛤蟆。

◇ ie[iɛ]

ie 的起点元音是前高不圆唇元音 i，由它开始，舌位滑向前半低元音 ê[ɛ]止。i 的发音较短，ê 的发音响而长。

【训练提示】

由于舌位动程较小，注意“窄音宽发”，口腔开度尽量大一些，舌位动程适度加大，体会舌位由高到低的滑动过程。

字词练习

跌 贴 捏 烈 接 写 谢 聂 茄 节

贴切 铁屑 趔趄 姐姐 斜街 谢谢 结节 节烈

绕口令练习

姐姐买鞋

姐姐上街去买鞋，斜街的爷爷专卖鞋。

爷爷给姐姐定制鞋，乐得姐姐谢爷爷。

◇ ua[uA]

ua 的起点元音是后高圆唇元音 u，由它开始，舌位滑向央低元音 a[A]。唇形由圆逐步展开到不圆。u 的发音较短，a 的发音响而长。

【训练提示】

注意“后音前发”，口腔开度不要过大，舌位适度前移，尽量拉开舌位滑动的距离，以求发音饱满和清晰。

字词练习

挖 话 花 画 瓜 瓦 滑 娃 寡 挂

娃娃 画画 挖挖 耍滑 花袜 挂花 滑瓦

绕口令练习

胖娃叫妈妈

胖娃叫妈妈，妈妈抱胖娃。

胖娃笑哈哈，全家乐开花。

◇ uo[uo]

起点元音是后高圆唇元音 u，由它开始，舌位滑向后半高元音 o。u 的发音较短，o 的发音响而长。发音过程中，保持圆唇。

【训练提示】

uo 的发音动程小，发音时，注意打开口腔，拉开动程，避免发成单韵母 o。

字词练习

做 搓 多 拖 罗 或 左 说 缩 戳

硕果 过错 蹉跎 堕落 坐落 懦弱 火锅

绕口令练习

小郭和小霍

小郭地里捉蝈蝈，
小霍锅里蒸窝窝。
小郭要拿手里的蝈蝈换窝窝，
小霍不愿拿手里的窝窝换蝈蝈。

◇ üe[yɛ]

起点元音是前高圆唇元音 ü，由它开始，舌位滑向前半低元音 ê。ü 的发音较短，ê 的发音响而长。

【训练提示】

发音时，注意保持 ü 的撮口力度，打开口腔，尽量拉开动程。方言区的朋友要注意 i 和 ü 的唇形对比。

字词练习

月 确 绝 略 约 决 雪 缺 靴 瘸

雀跃 月缺 决绝 绝学 约略 雪月 跃跃

绕口令练习

真 绝

真绝真绝真叫绝，皓月当空下大雪。
麻雀游泳不飞跃，鹊巢鸠占鹊喜悦。

◆ 复韵母发音准确、优美的训练秘诀

为了达到字音的准确、清晰、圆润、集中，中国传统民间说唱艺术家总结了不少行之有效的吐字方法，吐字归音就是最佳体现。吐字归音的要求是“字头（声母）

出字要有力，字腹（韵腹）要饱满，字尾（韵尾）归音要弱收到位”。

针对韵母练习，吐字归音提出如下要求①：

拉开立起，气息均匀，音长音响，圆润饱满，窄韵宽发，

宽韵窄发，前音后发，后音前发，圆唇扁发，扁唇圆发。

怎么做到呢？你只要记住四点“秘诀”就好了。

◇ 秘诀一：韵腹饱满如枣核，拉开立起要清楚

“枣核”是民间说唱艺术家对吐字形象生动的描述，它是针对头、腹、尾俱全的音节而言的。字头叼住弹出，字腹拉开立起，字尾到位弱收，合起来形成一个两头小中间大的“枣核”。

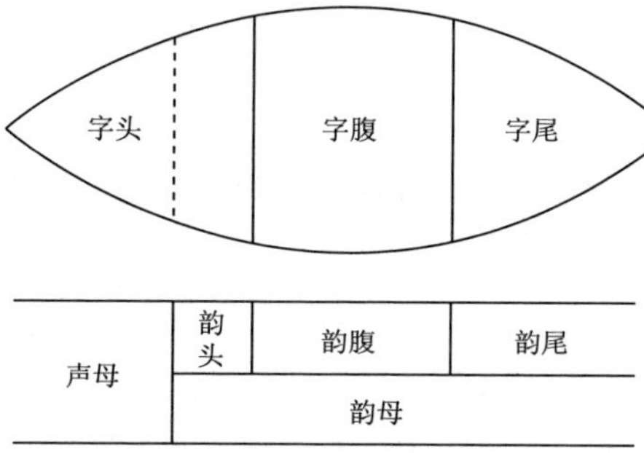

图 4-12　枣核型发音

从普通话的音节结构来看，复韵母中的韵腹在音节中口腔开度最大，泛音共鸣最丰富，听起来最响亮圆润，处于枣核的“核心”。要想枣核饱满圆润，必须注意韵腹的“拉开立起”。

“拉开”指发音时，从字头到字腹的过渡要尽快打开牙关，使发声母时局部紧张的肌肉尽快过渡到口腔肌肉均衡紧张的状态。

“立起”指在发音过程中，主要元音要占据足够的发音时长，尽量显现元音响亮、圆润的音色，在听感上有“立起”的饱满感。

① 吴弘毅.实用播音教程：第一册普通话语音和播音发声［M］.北京：北京广播学院出版社，2002：308.

专项练习

1.开口呼复韵母：

ai

海苔　菜薹　开采　开斋　晒台　海派　灾害　爱戴

ei

配煤　飞贼　蓓蕾　黑莓　狒狒　肥美　配备　非得

ao

抛锚　糟糕　牢骚　号啕　吵闹　道袍　操劳　熬包

ou

欧洲　喉头　漏斗　守候　绸缪　佝偻　口头　丑陋

2.齐齿呼复韵母：

ia

下家　加价　家家　恰恰　夏家　假牙　下压　戛戛

ie

揭贴　结节　趔趄　节烈　贴切　谢谢　喋喋　戒牒

iao

秒表　脚镣　吊销　调料　料峭　教条　缥缈　疗效

iou

琉球　久留　妞妞　绣球　求救　舅舅　久久　牛柳

3.合口呼复韵母：

ua

挂画　耍滑　花瓜　花袜　画刷　挂花　娃娃　耍花

uo

过错　哆嗦　挪窝　火锅　蹉跎　骆驼　着落　懦弱

uai

怀揣　乖乖　徘徊　外快　外踝　摔坏　歪歪　怪怪

uei

水位　归队　垂危　回归　坠毁　追随　摧毁　翠微

4.撮口呼复韵母：

üe

雀跃　约略　绝学　月缺　雪月　略略

◇ **秘诀二：主要元音“声挂前腭”**

练习复韵母时，注意使主要元音如“声挂前腭”，以确保字音发得圆润、响亮和饱满。

下列成语的第一个音节容易让你体会到后声腔打开的感觉。朗读时，请以第一个音节带发后面的音节。

专项练习

花红柳绿　牢不可破　老当益壮　燎原烈火

光明磊落　鸟语花香　扬长而去　来日方长

豪情壮志　遥相呼应　高瞻远瞩　广开言路

◇ **秘诀三：注意在唇形和舌位渐变的过程中，自然地完成音素之间的过渡**

“枣核形”本身是一个整体，而不是对字音的机械分割，所以在发音过程中整个字音要有滑动感、整体感。与此同时，“枣核形”也不是一成不变的，它是随着语流中音节的疏密、情感的变换而变化的。①

我们不能因为追求字音的饱满、圆润而失去生动自然的语感，不能为了追求“枣核形”的完整而破坏语言表达的自然流畅。

做下面的练习时要注意：

1. 第一遍练习时，以记录速度朗读出每个汉字音节，尽量保持声母、韵母和声调的完整性，力求每个字都发得如“枣核”一般。

2. 第二遍练习时，在注意吐字清晰、完整和圆润的基础上，力求自然、放松、清楚地表达出每段文字的内在情感与含义。

① 吴弘毅.实用播音教程：第一册普通话语音和播音发声[M].北京：北京广播学院出版社，2002：308.

专项训练

望月怀远 〔唐〕张九龄

海上生明月，天涯共此时。
情人怨遥夜，竟夕起相思。
灭烛怜光满，披衣觉露滋。
不堪盈手赠，还寝梦佳期。

陋室铭 〔唐〕刘禹锡

山不在高，有仙则名。水不在深，有龙则灵。斯是陋室，惟吾德馨。苔痕上阶绿，草色入帘青。谈笑有鸿儒，往来无白丁。可以调素琴，阅金经。无丝竹之乱耳，无案牍之劳形。南阳诸葛庐，西蜀子云亭。孔子云：何陋之有？

◇ 秘诀四：兼顾“四呼”韵母发音部位的着力点

在“韵母的分类”中，我们说过“四呼”韵母是按照唇形特点来划分的，发音部位的着力点各不相同。练习时，我们最好能兼顾“四呼”韵母发音的着力点，这样可以使“枣核形”音节更为清晰和饱满。

练习开口呼复韵母时，在注意唇形和舌位动程变化的同时，还要注意“力发于喉”——后声腔打开，喉部周围的肌肉要有紧张感，着力点是喉部。

练习齐齿呼复韵母时，要注意“力发于齿”——整个后槽牙（牙关）即口腔中后部较为紧张，着力点是后槽牙。

练习合口呼复韵母时，要注意“力在满口”——口腔内部（尤其是中后部）的肌肉有均衡紧张感，着力点在整个口腔。

练习撮口呼复韵母时，要注意“力在上唇”——着力点在上唇，两嘴角保持一定力度。

◆ 常见的复韵母发音问题与解决方案

◇ 问题一：复韵母宽窄对比不准确

某些方言区如陕西安康的人，经常会将“我要去北京”说成“我要去百京”，唇形咧得太宽，舌位降得过低，将“ei”发成了“ai”。

【解决方案】

复韵母宽窄，指的是复韵母发音过程中舌位动程长短的对比关系。在每对有宽窄对比关系的复韵母中，它们的舌位动程的运动方向是相近或相似的，其区分主要在于韵腹元音音素的舌位高低（即口腔开度大小）的对比上。多做复韵母宽窄对比练习，明确其动程，就可以获得正确语音。

对比练习

ai—ei

白匪　败北　带累　代培　海内　暧昧　采煤　栽培

ao—ou

稿酬　矛头　招手　遭受　保守　包头　报酬　倒手

ia—ie

家业　佳节　假借　嫁接　押解　下届　夏夜　下野

ua—uo

花朵　挂果　华佗　滑脱　跨国　话说　划过　花托

iao—iou

要求　交流　郊游　交友　料酒　表舅　漂流　票友

uai—uei

怪罪　快慰　快嘴　衰退　外汇　外围　怪味　衰微

◇ 问题二：齐齿呼和撮口呼不分

表现为 i 和 ü 不分，ie 和 üe 不分。

湖北、福建以及西南地区的方言区，没有撮口呼韵母，i 和 ü 都发成 i，“大姨”说成“大鱼”，“奇遇”说成“奇异”，“有趣”说成“有气”……而有的方言区如贵州和湖南的一些地方,却将齐齿呼韵母发成撮口呼韵母,如将 üan 发成 ian。

【解决方案】

1. 对比法:对比普通话与方言之间的区别。比如,在福建泉州话里 i 韵的字,在普通话里则是 ü 韵,如“句、取、需、举、区、女、鱼”等;有的方言中读 ian 韵母的字,在普通话里则是 üan 韵母,如“卷、全、选、圆、远”等。①

2. 声韵拼合法和记少推多法:

舌尖中音 d、t、n、l 都能与齐齿呼韵母相拼合,d、t 不能与撮口呼韵母相拼合;普通话的双唇音 b、p、m 能和齐齿呼韵母相拼合,不能与撮口呼韵母相拼合;普通话里有四个撮口呼韵母 ü、üe、ün、üan,能与 ü、üe 拼合的声母只有 n、l、j、q、x,能和 ün、üan 拼合的声母只有 j、q、x。

这下你应该很清楚了,普通话里撮口呼韵母比齐齿呼韵母少得多。只要记住少量的撮口呼韵字,你就能有效地区分齐齿呼和撮口呼了。

对比练习

i—ü

移民—渔民　名义—名誉　济世—句式　小姨—小鱼

分期—分区　季节—拒绝　雨季—雨具　遗传—渔船

ie—üe

茄子—瘸子　切实—确实　夜色—月色　协会—学会

ian—üan

前面—全面　闲心—悬心　有钱—有权　大雁—大院

in—ün

通信—通讯　心机—熏鸡　今人—军人　信誉—训育

绕口令练习

画圆圈

圆圈圆,圈圆圈,圆圆娟娟画圆圈。

① 姚喜双.普通话口语教程[M].北京:高等教育出版社,2009:75-78.

娟娟画的圈连圈,圆圆画的圆套圆。

娟娟圆圆比圆圈,看看谁的圆圈圆。

◇ **问题三:复韵母动程不完整**

有些人受方音影响说话嘴懒,喜欢“吃字儿”,常常缩短复韵母的发音动程,出现语音错误,比如,江浙一带的人习惯将 iou 发成[iu]。

【解决方案】

尽量打开口腔,将“声母-韵头-韵腹-韵尾”完整地展现出来,多做“字腹拉开立起成枣核形”的练习。

1. 拼读练习法:对于有韵头的音节,将韵头与声母作为一个发音单位,将带上声调音高变化的韵腹、韵尾作为另一个发音单位的“音节两拼法”,有助于增强字腹发音的拉开立起,有助于增强音节的饱满度和圆润度。比如,圈 quān 采用 qu—ān—quān 的拼读法。

iao

bi—āo 标	bi—ǎo 表	pi—āo 飘
pi—áo 剽	mi—áo 苗	mi—ǎo 秒
di—āo 刁	di—ào 掉	ti—āo 挑
ti—ào 跳	ni—ǎo 鸟	li—áo 辽

i(o)u

mi—(o)ù 谬	di—(o)ū 丢	ni—(o)ú 牛
li—(o)ǔ 柳	ji—(o)ù 舅	qi—(o)ū 秋

2. 多做“字腹拉开立起成枣核形”的练习。

◆ 复韵母发音综合练习

【训练提示】

1. 对镜练习法：先对镜找到复元音韵母发音时的口形和舌位，体会其动程变化。

2. 保持自信的状态，站姿要正，胸部要挺，舌根和下巴放松，气息畅通，不僵不挤。

3. 在“打开口腔，声挂前腭”的练习过程中，字音如枣核般从口腔中“弹”出。

芜湖徐如玉（i—ü）

芜湖徐如玉，出去屡次遇大雾。
曲阜苏渔庐，上路五度遇大雨。

铜勺舀热油（iao—iou）

铜勺舀热油，铁勺舀凉油。
铜勺舀了热油舀凉油，铁勺舀了凉油舀热油。

小刁挑鸟（iao）

小刁挑鸟太教条，非要一只苗条鸟。
有头有尾还有腰，小刁挑鸟成笑料。

凉州词 〔唐〕王 翰

葡萄美酒夜光杯，欲饮琵琶马上催。
醉卧沙场君莫笑，古来征战几人回。

卜算子·咏梅 毛泽东

风雨送春归，

飞雪迎春到。
已是悬崖百丈冰，
犹有花枝俏。
俏也不争春，
只把春来报。
待到山花烂漫时，
她在丛中笑。

朋友和其他(节选)　杏林子

朋友即将远行。

暮春时节，又邀了几位朋友在家小聚。虽然都是极熟的朋友，却是终年难得一见，偶尔电话里相遇，也无非是几句寻常话。一锅小米稀饭，一碟大头菜，一盘自家酿制的泡菜，一只巷口买回的烤鸭，简简单单，不像请客，倒像家人团聚。

其实，友情也好，爱情也好，久而久之都会转化为亲情。

说也奇怪，和新朋友会谈文学、谈哲学、谈人生道理等等，和老朋友却只话家常，柴米油盐，细细碎碎，种种琐事。很多时候，心灵的契合已经不需要太多的言语来表达。

（《普通话水平测试实施纲要》作品32号）

鼻韵母的发音要领

对许多人来说，鼻韵母发音是个大难题，比较常见的是“归音不到位”或“过早鼻化”现象。

怎么解决？怎样才能获得较为准确完美的发音呢？

我们还是先从鼻韵母的发音特点入手吧。

◆ 鼻韵母的发音特点①

第一,发鼻韵母时,鼻辅音韵尾与它前面的元音音素结合得非常紧密,元音音素和鼻辅音韵尾之间不是简单的相加关系,舌位移动的过程很明显。

第二,发鼻韵母时,在由元音舌位向鼻辅音韵尾移动时,元音音素发音的后半段受鼻辅音影响,会出现较短的半鼻化(半鼻音)。我们不能丢掉鼻辅音,更不能将鼻辅音直接发成鼻化元音。

◆ 鼻韵母的发音要领

我们在体会和掌握鼻韵母的发音要领时,要注意以下四点:

1. 不管发前鼻音韵母还是发后鼻音韵母,都要软腭下垂,打开鼻腔通路;
2. 要有韵腹中主要元音的存在时间;
3. 要有元音鼻化的过程;
4. 要有韵尾归音的过程。

◆ 前鼻音韵母(-n)的发音要领

◇ ɑn[an] 前鼻音韵母

起点元音是前低不圆唇元音 ɑ[a]。发音时,舌尖抵住下齿背,舌前部隆起,舌位降到最低,软腭上升,关闭鼻腔通路。发前 ɑ 之后,软腭下降,打开鼻腔通路,同时舌面前部与硬腭前部闭合,使在口腔中受到阻碍的气流从鼻腔里透出。口形开合度由大渐小,舌位动程较大。

【训练提示】

1. n 在鼻韵母中的归音部位比它充当声母时的除阻部位稍后。

2. 在语流中,鼻韵母音节由于受前后音节协同发音的影响,容易丢失鼻尾辅音而使主要元音鼻化,我们练习时必须归到鼻辅音上。

---

① 吴弘毅.实用播音教程:第一册普通话语音和播音发声[M].北京:北京广播学院出版社,2002:50.

字词练习

安　山　满　餐　三　蓝　干　反　单　寒

展览　感染　谈判　汗衫　寒山　散漫　赞叹　湛蓝

绕口令练习

小安和小谭

小安小谭去投弹，小安不安打寒战，

小谭坦然投出弹，小安心里真赞叹。

◇ en[ən] **前鼻音韵母**

起点元音是央元音[ə]，舌位居中。发音时，舌尖接触下齿背，舌面隆起部位受韵尾影响略靠前，软腭上升，关闭鼻腔通路。发央元音[ə]之后，软腭下降，打开鼻腔通路，同时舌面前部与硬腭前部闭合，使在口腔中受到阻碍的气流从鼻腔通过。口腔开合度由大渐小，舌位动程较小。

【训练提示】

注意与后鼻音韵母 eng 的区别。

字词练习

本　人　臣　分　真　深　跟　忍　恨

振奋　根本　认真　深沉　愤恨　沉闷　粉尘　文身

绕口令练习

小陈和小沈

小陈去卖针，小沈去卖盆。

两人挑着担，一起出了门。

小陈喊卖针，小沈喊卖盆。

不知是谁卖针，不知是谁卖盆。

◇ in[in] **前鼻音韵母**

起点元音是前高不圆唇元音 i，舌尖抵住下齿背，软腭上升，关闭鼻腔通路。发 i 之后，软腭下降，打开鼻腔通路，同时舌面前部与硬腭前部闭合，使在口腔中受到阻碍的气流从鼻腔通过。开口度始终很小，几乎没有变化，舌位动程很小。

【训练提示】

1. 发声时，加大开口度，成阻部位应适度往后一点，以增加发音的清晰度和圆润度。

2. 注意与后鼻音韵母 ing 的区别。发音时，尽量往前归音，位置是舌间中阻 d、t、n、l 稍后的位置。

字词练习

彬 近 林 音 亲 民 您 进 引 赁

辛勤 紧邻 贫民 亲近 濒临 拼音 薪金 殷勤

绕口令练习

天上有银星

天上有银星，星旁有阴云。
阴云要遮银星，银星躲过阴云，
不让阴云遮银星。

◇ ün[yn] **前鼻音韵母**

起点元音是前高圆唇元音 ü，与 in 的发音状况相近，只是唇形变化不同。唇形从 ü 开始逐渐展开，而 in 始终不圆唇。

【训练提示】

保持撮口唇形，不要过早鼻化，不要向后鼻音韵母 iong 方向归音。

字词练习

均 训 云 俊 运 熏 群 允 询 韵

军训 均匀 循循 菌群 逡巡 群运 芸芸 熏熏

绕口令练习

白云和羊群

蓝天片片白云，地上银色羊群。
近处是羊群，远处是白云，
天边分不清白云和羊群。

◇ ian[iɛn] **前鼻音韵母**

发音时，从前高不圆唇元音 i 开始，舌位向前半低元音 ɑ 的方向滑动。舌位只降到前半低元音[ɛ]的位置就开始升高，直到舌面前部抵住硬腭前部形成鼻音 n。

【训练提示】

1. 来自西北方言区的人在发音时，请注意 ian 与 ie 的区别，不要将 ian 的归音位置定到 ê。

2. 注意口腔开度要大，往返动程要大，活动范围稍大一些。

字词练习

边 片 免 点 连 田 年 见 现 间

无边 绵延 鲜艳 渐变 编演 偏见 前线 连绵

绕口令练习

田建贤

田建贤前天从前线回到家乡田家店。
只见家乡变化万千，
繁荣景象出现在眼前。
连绵不断的青山，
一望无边的棉田，
新房连成一片，
高压线通向天边。

◇ uan[uan] **前鼻音韵母**

发音时,从后高圆唇元音 u 开始,口形迅速由合口变为开口,舌位向前滑动至前低元音 a,然后舌位升高,直到舌面前部抵住硬腭前部形成鼻音 n。

【训练提示】

发 uan 音时,注意 u 的唇形,要比单 u 发时稍圆。

字词练习

传 换 关 软 万 短 乱 窜 酸

专管 转换 赚完 婉转 乱窜 传唤 专断 换算 酸软

绕口令练习

白 帆

河里有只船,船上挂白帆。
风吹白帆船向前,无风帆落停下船。

◇ üan[yan] **前鼻音韵母**

发音时,从前高圆唇元音 ü 开始,舌位向央低元音 a 滑动,舌位只降到前半低元音 a 的位置就升高,直到舌面前部抵住硬腭形成鼻音 n。唇形由圆唇逐渐展开。

【训练提示】

1. 发 üan 音时,a 的舌位比单发 a 时偏高,略在中部。ü 的舌位较高且靠前。
2. 注意撮口呼韵母的着力点——上唇与嘴角。

字词练习

卷 圈 远 轩 选 愿 倦 劝 原 捐

全权 圆圈 轩辕 涓涓 源泉 渊源 全员 远远

绕口令练习

画圆圈

圆圈圆,圈圆圈,圆圆娟娟画圆圈。

圆圆画的圆圆圈，娟娟画的圆圈圆。

◇ uen[uən] **前鼻音韵母**

发音时，从后高圆唇元音 u 开始，向央元音 e[ə]滑动，然后舌位升高，直到舌面前部抵住硬腭前部形成鼻音 n。

【训练提示】

打开口腔时，注意 u 的唇形。中间的元音 e 是过渡性的，在非零声母音节中，中间的 e 被省略掉，记成-un。

字词练习

文　滚　盾　论　孙　棍　准　伦　春

论文　混沌　谆谆　昆仑　温存　伦敦　困顿　春笋

绕口令练习

春　雷

新春春雷响昆仑，春联春雨处处春。

◆ 后鼻音韵母(-ng)的发音要领

◇ ang[ɑŋ] **后鼻音韵母**

起点是后低不圆唇元音 ɑ[ɑ]，发音时，口大开，舌尖离开下齿背，舌头后缩，软腭上升，关闭鼻腔通路。发后 ɑ 之后，软腭下降，打开鼻腔通路，同时舌面后部与软腭闭合，使在口腔中受到阻碍的气流从鼻腔通过。开口度由大渐小，舌位动程较大。

【训练提示】

ang 中 ɑ 的口腔开度比单发 ɑ 时要大。

字词练习

帮　忙　仓　方　长　当　刚　航　朗　荡

商场 昂扬 党章 领航 沧桑 烫伤 浪荡 常常

绕口令练习

帆布黄

长江里帆船帆布黄,船舱里放着一张床。
床上躺着老大娘,大娘年高怕大浪,头晕恶心心里慌。

◇ eng[əŋ] **后鼻音韵母**

起点元音是央元音 e[ə],发音时,口半闭,不圆唇,舌尖离开下齿背,舌头后缩,舌面后部隆起,软腭上升,关闭鼻腔通路。发 e[ə]之后,软腭下降,打开鼻腔通路,同时舌面后部与软腭闭合,使在口腔中受到阻碍的气流从鼻腔通过。

【训练提示】

练习时,为增加发音的清晰度和亮度,应增大口腔开度。

字词练习

成 风 能 声 正 冷 梦 铮 梗

征程 乘风 风筝 很冷 风声 承蒙 声称 正逢

绕口令练习

陈庄和程庄

陈庄程庄都有城,两庄城墙都有门。
陈庄城进程庄人,程庄城进陈庄人。

◇ ing[iŋ] **后鼻音韵母**

起点元音是前高不圆唇元音 i,舌尖接触下齿背,舌面前部隆起,软腭上升,关闭鼻腔通路。发 i 之后,软腭下降,打开鼻腔通路,同时舌面后部与软腭闭合,使在口腔中受到阻碍的气流从鼻腔通过,口形没有明显变化。

【训练提示】

注意与前鼻音韵母 in 的区别。

字词练习

病　评　明　定　听　宁　另　请　形　命

精英　经营　英明　定型　明星　精明　性情　清醒

绕口令练习

天上七颗星

天上七颗星，树上七只鹰。
梁上七个钉，台上七盏灯。
拿扇扇了灯，用手拔了钉，
举枪打了鹰，乌云盖了星。

◇ ong[uŋ] **后鼻音韵母**

起点元音接近后高圆唇元音 u，舌尖离开下齿背，舌体后缩，舌面后部隆起，软腭上升，关闭鼻腔通路。发 u 之后，软腭下降，打开鼻腔通路，同时舌面后部与软腭闭合，使在口腔中受到阻碍的气流从鼻腔通过，唇形始终拢圆。

【训练提示】

注意与 ueng 和 eng 的唇形区别。

字词练习

动　容　共　中　同　红　空　东　重

动容　恐龙　纵容　通融　隆重　中东　轰动　童工　隆冬

绕口令练习

东山立着一棵松

东山立着一棵松，松下有人练武功。

辗转腾挪动如风，练得武功稳如松。

◇ iang［iaŋ］**后鼻音韵母**

发音时，从前高不圆唇元音 i 开始，舌位滑动至后低不圆唇元音 ɑ［ɑ］的位置，然后舌位升高，接着发鼻音 ng。

【训练提示】

发音时，iang 韵母的动程较大，ang 受到 i 影响，a 的唇形稍扁。

字词练习

两 响 将 腔 杨 像 相 靓 讲

洋相 想象 两箱 亮相 响亮 湘江 两江 良将 良乡

绕口令练习

杨家养了一只羊

杨家养了一只羊，蒋家修了一道墙。
杨家的羊撞倒了蒋家的墙，
蒋家的墙压死了杨家的羊。
杨家要蒋家赔杨家的羊，
蒋家要杨家赔蒋家的墙。

◇ uang［uaŋ］**后鼻音韵母**

发音时，从后高圆唇元音 u 开始，舌位向后滑动至后低不圆唇元音 ɑ［ɑ］的位置，然后舌位升高，接着发鼻音 ng。唇形由圆唇逐渐展开。

【训练提示】

发音时，动程较大，ang 受到 u 的影响，唇形较圆。

字词练习

狂 黄 忘 窗 往 状 谎 创 装 王

往往 状况 狂妄 黄庄 网状 窗框 矿藏 双簧

绕口令练习

量窗量床又量墙

量窗量床又量墙，窗床和墙一样长，
弄错尺寸重新量，窗床尺寸不一样。

◇ ueng[uəŋ] 后鼻音韵母

发音时，从后高圆唇元音 u 开始，舌位滑动至央元音[ə]的位置，然后舌位升高，接着发鼻音 ng，唇形由圆唇逐渐展开。

【训练提示】

1. 为了增加发音的准确度和清晰度，请注意合口音的唇形。

2. 别把 u 发成唇齿音[v]。

3. 在普通话中，ueng 只能出现在零声母音节中，不能与任何辅音声母相拼，它只能自成音节。

字词练习

翁　嗡　瓮　蓊　滃　蕹

渔翁　老翁　水瓮　蕹菜　蓊郁　嗡嗡

绕口令练习

小蜜蜂

小蜜蜂，嗡嗡叫，吵得老翁心烦躁。
喝口瓮中清泉水，老翁不再心烦躁。

◆ 鼻韵母发音准确优美的训练秘诀

鼻韵母的发音问题，通常表现为前后鼻音不分。比如，将“信(xìn)心”说成“杏(xìng)心”，“清(qīng)明(míng)”说成“亲(qīn)民(mín)”，等等。很多人受方言或是不好的说话习惯影响,在生活中习惯用元音鼻化代替鼻韵母的鼻尾音。

怎样才能将鼻韵母发得准确优美?

关键是掌握字音“到位”和“归音”的要领。“归音”是指吐字归音过程中,字尾归音弱收到位,趋势鲜明。虽然字尾在一个音节中相对比较轻、短,但是我们处理时,可不能拖泥带水留尾巴。

对字尾的处理,我们要做到①:

尾音轻短,完整自如,避免生硬,突然收住,

归音到位,送气到家,干净利落,趋向鲜明。

◇ 秘诀一:到位弱收,趋向鲜明

“到位”指要将有韵尾的音节发到规定位置,以保证发音的准确与完整。比如,韵尾是-n 的音,舌尖必须顶住上齿背;韵尾是-ng 的音,舌后部要隆起,舌根尽力后缩,顶住软硬腭相交的位置。

“弱收”是指根据枣核形的音节发音要求,音节结尾的音渐弱收音,以便保持发音的完整性和音节之间的区分。②

“趋向鲜明”是指将-n 或-ng 收尾的音节发到前鼻音韵母或后鼻音韵母应发的位置,而不是发到一半即止(或元音鼻化),不能只有发音趋向而没有真实的发音位置,混淆了前后鼻音。

【训练提示】

这是字音发音的最后部分,字尾归音到位,余气托送,干净利索,趋向鲜明,同时要避免过于生硬、收得太急,影响枣核形的完整性。

专项练习

ang、iang、uang

闻官军收河南河北 〔唐〕杜甫

剑外忽传收蓟北,初闻涕泪满衣裳。

却看妻子愁何在,漫卷诗书喜欲狂。

---

① 吴弘毅.实用播音教程:第一册普通话语音和播音发声[M].北京:北京广播学院出版社,2002:308.

② 吴弘毅.实用播音教程:第一册普通话语音和播音发声[M].北京:北京广播学院出版社,2002:347.

白日放歌须纵酒，青春作伴好还乡。
即从巴峡穿巫峡，便下襄阳向洛阳。

人民解放军占领南京　毛泽东

钟山风雨起苍黄，百万雄师过大江。
虎踞龙盘今胜昔，天翻地覆慨而慷。
宜将剩勇追穷寇，不可沽名学霸王。
天若有情天亦老，人间正道是沧桑。

eng、ing、ong、ueng

赠汪伦　〔唐〕李白

李白乘舟将欲行，忽闻岸上踏歌声。
桃花潭水深千尺，不及汪伦送我情。

江南春　〔唐〕杜牧

千里莺啼绿映红，水村山郭酒旗风。
南朝四百八十寺，多少楼台烟雨中。

an、ian、uan、üan

早发白帝城　〔唐〕李白

朝辞白帝彩云间，千里江陵一日还。
两岸猿声啼不住，轻舟已过万重山。

枫桥夜泊　〔唐〕张继

月落乌啼霜满天，江枫渔火对愁眠。
姑苏城外寒山寺，夜半钟声到客船。

en、in、uen、ün

清 明 〔唐〕杜牧

清明时节雨纷纷，路上行人欲断魂。
借问酒家何处有，牧童遥指杏花村。

送元二使安西 〔唐〕王维

渭城朝雨浥轻尘，客舍青青柳色新。
劝君更尽一杯酒，西出阳关无故人。

◇ **秘诀二：凸显主要元音，声挂前腭**

在进行鼻韵母的练习时，要保证主要元音的发音时间（韵腹的发音时长），并将“声挂前腭”的原则进行到底。为什么呢？这样做，既可以保证音节的响度和清晰度，让我们将注意力集中在声线的主干道上，使发声集中省力，又可以保证口腔有良好的开度与紧张度，取得较好的共鸣效果。

【训练提示】

第一遍以记录速度将每个音节发成“枣核形”，做到字音准确清晰、圆润有力；第二遍以正常语速将新闻内容自然、清晰、流畅地表达出来。

专项练习

北京市通报3起违反中央八项规定精神问题。北京娱乐信报社原社长兼总编辑梁凤鸣公款送礼，北京交通大学科学技术处处长蔡伯根公款接待，以及其他违规问题受到查处。

科技部党组书记、副部长王志刚5月18日表示，为推动各地方、各部门、各类创新主体加强科技成果转移转化工作，加快高校和科研院所科技成果转移转化，培育一批机制灵活、面向市场的国家技术转移机构，探索有效机制与模式。

今年全国有765万高校毕业生加入求职大军，创下历史新高。人社部近日下发通知，强调要“千方百计采取措施，确保高校毕业生就业水平不低于去年”。

◆ 常见的鼻韵母发音问题与解决方案

◇ 问题:前后鼻音不分

前后鼻音不分表现为 an 和 ang、en 和 eng、in 和 ing、uen 和 ueng、ün 和 iong 区分不清。比如,西北人习惯把“裙(qún)子”发成“穷(qióng)子”。

【解决办法】

1. 理论梳理:发前鼻音 n 时,舌尖抵住上齿龈;发后鼻音 ng 时,舌后部隆起,舌根尽力后缩,顶住软腭。发 n 时,口形较闭;发 ng 时,口形较开。

2. 对镜练习法:发前鼻音 n 时,舌尖抵住上齿龈成阻,镜中可看见舌头底部(舌身随舌尖前伸);发后鼻韵尾 ng 时,舌根上抵软硬腭交界处成阻,镜中可见舌面(舌身随舌根后缩)。①

3. 后字引衬正音法:在含有前鼻音韵母音节的后面,加一个用舌尖中阻 d、t、n、l 做声母的音节,两字连读。因发音部位相同,后字可引衬前字的前鼻音韵母的归音。如:

wēn—nuǎn 温暖　　xīn—dé 心得

在含有后鼻音韵母音节的后面,加一个用 g、k 做声母的音节,两字连读。因发音部位相同,后字可引衬前字的后鼻音韵母的归音。如:

chàng—gē 唱歌　　fēng—kuáng 疯狂

对比练习

an—ang

开饭—开放　铲子—厂子　反问—访问

心烦—心房　烂漫—浪漫　担心—当心

山口—伤口　施展—师长

ian—iang

坚石—江石　鲜花—香花　坚硬—僵硬

简历—奖励　大连—大梁　浅显—抢险

① 姚喜双.普通话口语教程[M].北京:高等教育出版社,2009:72.

老年—老娘　廉价—粮价

uan—uang

宽口—筐口　关节—光洁　专车—装车

机关—激光　新欢—心慌　串演—创演

奉还—凤凰　晚年—往年

en—eng

沉积—乘机　粉刺—讽刺　伸张—声张

终身—钟声　长针—长征　诊治—整治

绅士—声势　清真—清蒸

in—ing

信服—幸福　频繁—平凡　弹琴—谈情

金质—精致　禁地—境地　临时—零食

民心—明星　贫民—平民

uen—ueng/ong

存钱—从前　春分—冲锋　炖肉—冻肉

轮子—笼子　吞并—通病　浑水—洪水

乡村—香葱　余温—渔翁

ün—iong

群像—穷乡　工运—公用　因循—英雄

勋章—胸章　韵脚—用脚　人群—人穷

晕车—用车　寻机—雄鸡

◆ 鼻韵母综合练习

【训练提示】

1. 对镜练习法：对镜找准鼻韵母发音时的口形与舌位，同时兼顾四呼韵母的发音着力点。

2. 保持自信放松的状态，站姿要正，胸部要挺，舌根和下巴放松，气息畅通，不僵不挤，轻松自然。

3. 练习时，要时刻牢记“打开口腔，声挂前腭”的训练原则。与此同时，请不要忘记我们表达的最终目的，要有生动自然的表达语感，兼顾词语与段落的内在含义的表达。

绕口令练习

姓陈和姓程（en—eng）

陈是陈，程是程。
姓陈不能说成姓程，
姓程不能说成姓陈。
禾旁是程，耳东是陈，
陈程不分就会认错人。

天津和北京（in—ing）

天津和北京，两座兄弟城。
津京两字韵，不是一个音。
津字前鼻音，京字后鼻音。
请你仔细听，发音要分清。

板凳与扁担（an—ang）

板凳宽，扁担长。
扁担没有板凳宽，
板凳没有扁担长。
扁担绑在板凳上，
板凳不让扁担绑在板凳上，
扁担偏要绑在那板凳上。

东洞庭，西洞庭（en、eng、ing、ong）

东洞庭，西洞庭，洞庭山上一根藤，藤上挂个大铜铃。

风起藤动铜铃响，风停藤定铜铃静。

诗词练习

过零丁洋 〔宋〕文天祥

辛苦遭逢起一经，干戈寥落四周星。
山河破碎风飘絮，身世浮沉雨打萍。
惶恐滩头说惶恐，零丁洋里叹零丁。
人生自古谁无死，留取丹心照汗青。

竹枝词 〔唐〕刘禹锡

杨柳青青江水平，闻郎江上踏歌声。
东边日出西边雨，道是无晴却有晴。

江城子·密州出猎 〔宋〕苏轼

老夫聊发少年狂，左牵黄，右擎苍。锦帽貂裘，千骑卷平冈。为报倾城随太守，亲射虎，看孙郎。

酒酣胸胆尚开张，鬓微霜，又何妨？持节云中，何日遣冯唐？会挽雕弓如满月，西北望，射天狼。

青玉案·元夕 〔宋〕辛弃疾

东风夜放花千树。更吹落、星如雨。宝马雕车香满路。凤箫声动，玉壶光转，一夜鱼龙舞。

蛾儿雪柳黄金缕。笑语盈盈暗香去。众里寻他千百度。蓦然回首，那人却在，灯火阑珊处。

散文练习

读书人是幸福人 谢冕

我常想读书人是世间幸福人，因为他除了拥有现实的世界之外，还拥有另一个更为浩瀚也更为丰富的世界。现实的世界是人人都有的，而后一个世界却为读书人所独有。由此我想，那些失去或不能阅读的人是多么的不幸，他们的丧失是不可补偿的。世间有诸多的不平等，财富的不平等，权力的不平等，而阅读能力的拥有或丧失却体现为精神的不平等。

一个人的一生，只能经历自己拥有的那一份欣悦，那一份苦难，也许再加上他亲自闻知的那一些关于自身以外的经历和经验。然而，人们通过阅读，却能进入不同时空的诸多他人的世界。这样，具有阅读能力的人，无形间获得了超越有限生命的无限可能性。阅读不仅使他多识了草木虫鱼之名，而且可以上溯远古下及未来，饱览存在的与非存在的奇风异俗。

更为重要的是，读书加惠于人们的不仅是知识的增广，而且还在于精神的感化与陶冶。人们从读书学做人，从那些往哲先贤以及当代才俊的著述中学得他们的人格。人们从《论语》中学得智慧的思考，从《史记》中学得严肃的历史精神，从《正气歌》中学得人格的刚烈，从马克思学得人世//的激情，从鲁迅学得批判精神，从托尔斯泰学得道德的执着。歌德的诗句刻写着睿智的人生，拜伦的诗句呼唤着奋斗的热情。一个读书人，一个有机会拥有超乎个人生命体验的幸运人。

（《普通话水平测试实施纲要》作品 6 号）

普通话韵母辨正与综合练习

◆ 开口呼与合口呼韵母的辨正

词语对比练习

an—uan

谈判—传唤　遗憾—一万　懒散—山峦　沾染—专断

en—uen

沉闷—温存　深沉—混沌　分身—昏昏　政审—滚滚

o—uo

饽饽—铁锅　上坡—很多　磨破—做过　默默—蹉跎

ei—uei

大内—回味　配备—退位　是非—卑微　准备—避讳

诗词练习

重整河山待后生　电视剧《四世同堂》主题歌　作词:林汝为

千里刀光影,
仇恨燃九城。
月圆之夜人不归,
花香之地无和平。
一腔无声血,
万缕慈母情。
为雪国耻身先去,
重整河山待后生。

散文练习

牡丹的拒绝　张抗抗

其实你在很久以前并不喜欢牡丹,因为它总被人作为富贵膜拜。后来你目睹了一次牡丹的落花,你相信所有的人都会为之感动:一阵清风徐来,娇艳鲜嫩的盛期牡丹忽然整朵整朵地坠落,铺撒一地绚丽的花瓣。那花瓣落地时依然鲜艳夺目,如同一只奉上祭坛的大鸟脱落的羽毛,低吟着壮烈的悲歌离去。

牡丹没有花谢花败之时,要么烁于枝头,要么归于泥土,它跨越萎顿和衰老,由青春而死亡,由美丽而消遁。它虽美却不吝惜生命,即使告别也要展示给人最后一次的惊心动魄。

所以在这阴冷的四月里,奇迹不会发生。任凭游人扫兴和诅咒,牡丹依然安之若素。它不苟且、不俯就、不妥协、不媚俗,甘愿自己冷落自己。它遵循自己的花期自己的规律,它有权利为自己选择每年一度的盛大节日。它为什么不拒绝寒冷?

天南海北的看花人,依然络绎不绝地涌入洛阳城。人们不因牡丹的拒绝而拒绝它的美。如果它再被贬谪十次,也许它就会繁衍出十个洛阳牡丹城。

于是你在无言的遗憾中感悟到,富贵与高贵只是一字之差。同人一样,花儿也是有灵性的,更有品位之高低。品位这东西为气为魂为//筋骨为神韵,只可意会。你叹服牡丹卓尔不群之姿,方知品位是多么容易被世人忽略或是漠视的美。

(《普通话水平测试实施纲要》作品 30 号)

◆ 齐齿呼与撮口呼韵母的辨正

词语对比练习

i—ü

分期—分区　遗传—渔船　异地—抑郁　移民—渔民

ie—üe

协会—学会　夜色—月色　切实—确实　茄子—瘸子

ian—üan

大雁—大院　有钱—有权　闲心—悬心　前面—全面

in—ün

今人—军人　信誉—训育　心急—熏鸡　通信—通讯

古诗词练习

山园小梅　〔宋〕林逋

众芳摇落独暄妍,占尽风情向小园。
疏影横斜水清浅,暗香浮动月黄昏。
霜禽欲下先偷眼,粉蝶如知合断魂。
幸有微吟可相狎,不须檀板共金樽。

望庐山瀑布 〔唐〕李白

日照香炉生紫烟，遥看瀑布挂前川。
飞流直下三千尺，疑是银河落九天。

江畔独步寻花 〔唐〕杜甫

黄四娘家花满蹊，千朵万朵压枝低。
留连戏蝶时时舞，自在娇莺恰恰啼。

◆ 前后鼻音韵母的辨正

散文练习

繁 星 巴金

我爱月夜，但我也爱星天。从前在家乡七八月的夜晚在庭院里纳凉的时候，我最爱看天上密密麻麻的繁星。望着星天，我就会忘记一切，仿佛回到了母亲的怀里似的。

三年前在南京我住的地方有一道后门，每晚我打开后门，便看见一个静寂的夜。下面是一片菜园，上面是星群密布的蓝天。星光在我们的肉眼里虽然微小，然而它使我们觉得光明无处不在。那时候我正在读一些关于天文学的书，也认得一些星星，好像它们就是我的朋友，它们常常在和我谈话一样。

如今在海上，每晚和繁星相对，我把它们认得很熟了。我躺在舱面上，仰望天空。深蓝色的天空里悬着无数半明半昧的星。船在动，星也在动，它们是这样低，真是摇摇欲坠呢！渐渐地我的眼睛模糊了，我好像看见无数萤火虫在我的周围飞舞。海上的夜是柔和的，是静寂的，是梦幻的。我望着许多认识的星，我仿佛看见它们在对我眨眼，我仿佛听见它们在小声说话。这时我忘记了一切。在星的怀抱中我微笑着，我沉睡着。我觉得自己是一个小孩子，现在睡在母亲的怀里了。

有一夜，那个在哥伦波上船的英国人指给我看天上的巨人。他用手指着：//那四颗明亮的星是头，下面的几颗是身子，这几颗是手，那几颗是腿和脚，还有三颗星算是腰带。经他这一番指点，我果然看清楚了那个天上的巨人。看，那个巨人还在跑呢！

（《普通话水平测试实施纲要》作品8号）

◆ 综合表达短文练习

二十美金的价值 唐继柳（编译）

一天，爸爸下班回到家已经很晚了，他很累也有点儿烦，他发现五岁的儿子正靠在门旁正等着他。

“爸，我可以问您一个问题吗？”

“什么问题？”“爸，您一小时可以赚多少钱？”“这与你无关，你为什么问这个问题？”父亲生气地说。

“我只想知道，请告诉我，您一小时赚多少钱？”小孩儿哀求道。“假如你一定要知道的话，我一小时赚二十美金。”

“哦，”小孩儿低下了头，接着又说，“爸，可以借我十美金吗？”父亲发怒了：“如果你只是要借钱去买毫无意义的玩具的话，给我回到你的房间睡觉去。好好想想为什么你会那么自私。我每天辛苦工作，没时间和你玩儿小孩子的游戏。”

小孩儿默默回到房间关上门。

父亲坐下来还在生气。后来，他平静下来了。心想，他可能对孩子太凶了——或许孩子真的想买什么东西，再说他平时很少要过钱。

父亲走进孩子的房间：“你睡了吗？”“爸，还没有，我还醒着。”孩子回答。

“我刚才可能对你太凶了，”父亲说，“我不应该发那么大的火——这是你要的十美金。”“爸爸，谢谢您。”孩子高兴地从枕头底下拿出一些被弄皱的钞票，慢慢地数着。

“为什么你已经有钱了还要？”父亲不解地问。

“因为原来不够，但现在凑够了。”孩子回答：“爸，我现在有//二十美金了，我可以向您买一个小时的时间吗？明天请早一点儿回家——我想和您一起吃晚餐。”

（《普通话水平测试实施纲要》作品7号）

思考练习题

一、什么是韵母？韵母如何分类？每一类包括哪些韵母？

二、请简述复韵母的发音特点。

三、请简述鼻韵母的发音特点。

四、请你分析自己韵母发音存在的问题及原因，并找出合理的解决办法。

五、请依照韵母正确的发音要领和“韵母自我诊断表”，找出自己普通话韵母发音的错误和缺陷，并填写解决方案。①

韵母自我诊断表

所在方言区： 班级： 姓名：

韵母错误	韵母缺陷	举例	解决方案

六、请依照字—词—绕口令—古诗词—短文的顺序进行练习。注意单韵母、复韵母和鼻韵母的发音，每天至少练习 3 次，每次 20 分钟。要求用声自然放松，吐字准确、清晰、饱满。

七、尽可能每天跟读中央广播电视总台整点新闻节目 30 分钟，找出你自己发音与标准普通话存在的差异，通过模仿和练习，尽快培养正确的发音习惯。

① 姚喜双.普通话口语教程[M].北京：高等教育出版社，2009：80.

训练秘诀

一声平——阴平起音高，高高一路平

——高空飞机

二声扬——阳平从中起，接续向上走

——来回航行

三声曲——上声先降下，转而向上挑

——果敢勇猛

四声降——去声高降低，直降一路行

——胜利迈进

第五章 普通话声调——抑扬顿挫的神采

小唐到银行取钱，隔着玻璃亲切地喊："大姐，我取钱。"银行女职员立刻脸色大变，小唐不明就里又喊："大姐，我取钱！"忽然直听脑袋嗡的一声，小唐被银行保安一棍子打倒在地。原来大家听到是"打劫，我取钱"，误以为他要抢银行了！

学习普通话，我们一般会重视声母、韵母的规范发音，可你知道吗，即使声母、韵母的发音都很准确，但声调不对，仍然可能出现与原意大相径庭的结果。就像上面的小笑话，因为调值欠缺影响到整个字音的准确，差一点儿惹上官司。因此，学习普通话是一个系统工程。

在这一章里，我们要熟练掌握普通话声调的实际读法。

这一章包括以下内容：

◈ 什么是声调

◈ 声调的作用

◈ 声调的性质

◈ 调类和调值

◈ 调值的标记方法

◈ 普通话声调的特点

◈ 普通话声调的发音要领

◈ 普通话声调的发音训练

◈ 常见的声调发音问题与解决方案

◈ 普通话声调的综合练习

常听有人说，教播音主持的老师太厉害了，总是在初次与人打交道时就能说出对方来自哪里。其实，老师的秘诀是，一个有地方口音的人，除声母、韵母发音会透露出一些信息之外，他说话时的声调也会带有方音烙印。比如一个人如果把"今天”读成升调，把“楼房”读成降调，那么他很有可能是河南人。

另外，我们日常读错的字音往往集中体现在声调上。比如“压轴”的“轴”（zhòu）是去声不是阳平；“处理”的“处”（chǔ）是上声不是去声；一位留学生说“我是来学韩愈的”，其实他是想说“我是来学汉语的”。

看出来了吧，声调是语音结构中最为敏感的部分，它的作用和声母、韵母一样重要，如果发得不准确，就会产生歧义，影响与大家的交流与沟通。所以，声调还有一个别称，叫“字神”。

“字神”这个别称十分恰切地道出了声调在有声语言中的地位及作用。如“bao”这个音节，若没有声调，我们就不知道它代表哪个汉字。如果你读成上声，那么这个有调的音节就可能指向汉字“饱”；如果你读成去声，那就可能是“报”了。

我们看这样一组例词：

大笑（dàxiào）—打消（dǎxiāo）

包围（bāowéi）—保卫（bǎowèi）

同意（tóngyì）—统一（tǒngyī）

鼓励（gǔlì）—孤立（gūlì）

上面的例词声母、韵母完全一致，只是由于声调不同，词义就截然不同了。我们说声调具有和声母、韵母一样重要的作用，指的就是它的这种辨义性。

下面请你朗读《普通话水平测试实施纲要》中的第 59 号作品①，最好把你的朗读录下来。

我不由得停住了脚步。

从未见过开得这样盛的藤萝，只见一片辉煌的淡紫色，像一条瀑布，从空中垂下，不见其发端，也不见其终极，只是深深浅浅的紫，仿佛在流动，在欢笑，在不停地生长。紫色的大条幅上，泛着点点银光，就像迸溅的水花。仔细看时，才知那是每一朵紫花中最浅淡的部分，在和阳光互相挑逗。

读完这段文字，你一定对“发端”“终极”“紫”“流动”“欢笑”“生长”等一连串音节所呈现的阴阳上去的变化有深刻的印象，是这样吗？

---

① 宗璞.紫藤萝瀑布[M]//国家语言文字工作委员会普通话培训测试中心.普通话水平测试实施纲要.北京：商务印书馆，2004：450.

的确,正是声调的错落有致,使得音节抑扬起伏,给我们带来了听觉上的享受,让我们仿佛看到了藤萝花那袅娜多姿的体态。

普通话声调充分体现了汉语语音的特征,也增添了有声语言的灵动之美。在语流中,普通话声调既有宽广的滑动范围,又有细致微妙的变化层次,这使得看起来简单的普通话声调显得丰富而生动。正因为如此,普通话声调才为感情的传达提供了便利条件。

什么是声调

声调是汉语音节所固有的,可以区别意义的声音的高低升降、曲直长短的变化形式。

声调和声母、韵母一样,在汉语中具有辨义的功能。

汉语一个音节就是一个汉字,所以声调又叫字调。

声调贯穿音节始终,主要作用在韵腹上。

声调的作用

◈ 声调能纯正字音,区别词义。

◈ 声调能突出汉语的特点,表现出抑扬顿挫的音乐美。

◈ 声调还可以帮助我们调节气息,掌握用气的方法,使得气息灵活自如。如果你高音不好,就练习上升的声调——阳平;如果你低音不好,就练习下降的声调。[①]一段时间的练习之后,你会收获惊喜的。

下面是一段充满童趣的绕口令《兜装豆》,请你大声地读一读,感受一下声调的律动之美。

兜里装豆,豆装满兜,兜破漏豆。

倒出豆,补破兜,补好兜,又装豆,装满兜,不漏豆。

---

① 王浩瑜.跟我说普通话[M].北京:中国传媒大学出版社,2009:106.

■ 声调的性质

◆ 声调的变化取决于音高

声调与音长、音强都有关系，但它的性质主要由音高决定。

音高的变化，是由发音时声带的松紧变化导致的。人的喉中有两片平行的声带。声带就像两根皮筋，皮筋越长越厚，振动越慢，声调越低沉，如老人、男人的声带；皮筋越短越薄，振动越快，声调越高扬，如女人、小孩的声带。

◆ 声调的音高是相对音高

声调的音高变化是相对的，不要求音高频率的绝对值。绝对音高是高喊和低语的区别，并不区分词义。

由于人的嗓音高低各不相同，并不要求人人将声调发得一样，只要根据自己的嗓音分出合乎比例的高低就行了。女性和儿童的声带比成年男性短一些、窄一些、薄一些，他们的声调音高要比成年男性高一些；同一个人情绪紧张、激动时，声带会控制得紧一些，这时他的声调音高要比情绪平和时高。

如果你稍加留意就会发现一个人的性格也会对他的声调变化幅度有影响。比如开朗的人，声调的变化幅度可能较大；内向的人，声调变化幅度较小，趋于平稳。

只有了解相对音高的意义，我们才能在有限的音域范围内做到声调高低升降的有序变化。在清晰流畅的语言表达过程中，巧用声调的变化能展示我们的个性魅力。

◆ 声调 ≠音阶

声调的高低和音乐中音阶的高低是有区别的。

声调的升降变化是逐渐滑动的，而音乐中音阶的移动变化则常常表现为跳跃式的。

声调的音高变化是相对的，而音乐中音阶的高低变化是绝对的、不变的。

调类和调值

调类就是声调的类别,它是按声调的实际读法归纳的。

普通话声调有四个调类“阴平、阳平、上声、去声”,就是我们常说的四声。阴平是第一声,阳平是第二声,上声是第三声,去声是第四声,统称四声。

调值指的是声调高低、升降、曲直的变化,即声调的实际读法。例如调类都是阴平,不同的地区读法不一样。我们从“花”字的读音可以看出:

北京人把“花”读为高而平的调,55 度。

天津人把“花”读为最低调,11 度。

开封人把“花”读为中调,24 度。

普通话四声的调值分别为:55(阴平)、35(阳平)、214(上声)和 51(去声),见表 5-1。

表 5-1 普通话四声的调值

调类(四声)	调号	例字	调形
阴平	-	妈 mā	高平
阳平	/	麻 má	中升
上声	V	马 mǎ	降升
去声	\	骂 mà	全降

我们只有了解了普通话声调和方言声调的差异,才能有针对性地进行发音的修正和完善。这些差异表现在:

一是声调种类的多少不同。就全国而言,声调差异很大。方言中声调少的只有 3 类,如河北滦县话;多的有 10 类,如广西玉林话。

二是声调的调值不同。我们常常看到这样的情况:不同方言里,调类名称相同的,调值往往不同;调值相同的,也不一定属于同一个调类。如果能分清自己方言中的声调,再和普通话的声调做对比,从中找出它们之间的对应规律,就会取得事半功倍的效果。比如阴平,在你的方言里调值是多少,和普通话有什么区别?举个具体的例子,普通话中“天”这个字,阴平是高平调,而天津人发“天”时也是阴平,但调值却是低平调。

调值的标记方法

我们通常采用五度标记法记录一个音节声调的调值。

这种标记法比较清楚、直观，使声音形象化，便于学习和掌握。

用一条竖线表示声音的高低，由最低点到最高点分为五度，即低、半低、中、半高、高，依次用1、2、3、4、5来表示。普通话声调的调值如图5-1：

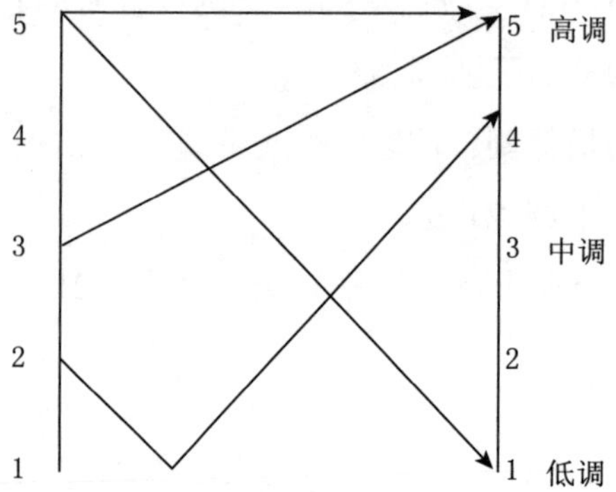

图5-1　普通话声调的调值

阴平——55 不升也不降，是高平调。

阳平——35 从中起音往上升，是高升调。

上声——214 先降再扬起，是降升调。

去声——51 从最高降到最低，是全降调。

普通话声调的特点

◈ 四个声调的调形有明显的区别，一平、二升、三曲、四降。除阴平外，其他三个声调升降的幅度都比较大，所以普通话听起来抑扬顿挫，音乐性很强。

◈ 高音成分多，阴平、阳平、去声都有最高度5，上声末尾也到4，所以普通话语音高扬清亮。

◈ 四个声调的长度有一定的比例，上声最长，阳平次长，去声最短，阴平次短，在词语中形成和谐的节奏。

汉语普通话因为有了声调，每一个字都有平、升、降、曲的变化，声调鲜明，字音真切,给人以抑扬的音乐感,具有强烈的感染力。汉语古诗词的美尤其表现在声调平仄抑扬的音乐性和节奏感,所以声调是普通话富于音乐性的最基本的因素。

我们以唐朝诗人王维的《鹿柴》为例,体会一下声调带来的音韵美。

空山不见人,但闻人语响,
返景入深林,复照青苔上。

朗读完这首古诗,你是否感受到了声调的抑扬婉转之美呢?

接下来,请你全用阴平去朗读。

是不是让周围的人哈哈大笑了?

是啊,如果没有声调阴阳上去的变化,这首古诗读起来不仅毫无美感,更难以传递其中的意蕴。

再如"落霞与孤鹜齐飞,秋水共长天一色",没有声调我们怎能描绘出那图画般的美丽?还有"春江潮水连海平,海上明月共潮生",没有声调我们又如何呈现悦耳动听的节律?

声调的存在使普通话美妙动听,成为世界上公认的优美语言之一。

普通话声调的发音要领

◆ 阴平

高平调(55)。音高最高,声音基本高而平,由 5 度到 5 度,大体没有升降变化。

实际发音在起音后略升高一点,末尾声调稍有降的趋势,首尾差别不大。

如果是两个阴平声连在一起,保证前字声调稍低、后字声调的完整。

例如:bā—八 dī—低 cāi—猜 māo—猫
huān—欢 pū—扑 dāng—当 biān—编

◆ 阳平

高升调(35)。声音从中高音起音升到高音,由 3 度到 5 度滑动直线上移。

阳平发音起调略高,气息较弱,发音后逐渐上移,压力逐渐增强,达到阴平一样的高度。

如果两个阳平声相连要保证前字声调稍低、后字声调完整。

例如：hé—和　rén—人　tóng—彤　píng—平

lián—连　tián—田　chún—纯　tú—图

◆ 上声

降升调（214）。发音时由半低起先降后升，开始是2度，向下滑动到1度，接着从1度折转滑向4度。

上声是个降升调。上声的发音首先要下到底，然后折转直升到4度。注意气息降时要稳定，升时要加强，如果没有气息的支持，嗓子会暗哑。

上声调的降升是平滑的弯曲变化，尤其是由1度升到4度时，不要有折起的硬拐弯的感觉。

如果两个上声相接，按上声变调处理。

例如：hǎo—好　jiǔ—九　mǎn—满　yǒng—勇

miǎo—秒　fǔ—抚　guǎng—广　xiě—写

◆ 去声

全降调（51）。起音的音高与阴平一样，发音后直落最低1度，注意控制气息，不要到最后因气竭而暗哑。

如果两个去声相连，保证前字声调稍低、后字声调完整。

例如：wàn—万　pà—怕　lì—利　suì—岁

là—辣　rè—热　qù—去　mài—卖

■ 普通话声调的发音训练

单音节声调的练习要强调四声调值的准确和调形的完整，要符合一定的规格，这是基础。

在音节组合中，声音有轻重、高低、长短的变化，因此不能死抠调值，而要根据轻重格式和连读变调来进行具体的处理，着重把握调域的伸缩变化和声调的基本调形。

对更大的语音单位——有内容的句、段、文章,在表达时则更要注意根据内容和感情色彩的不同,错落有致地处理声调,以凸显语句重音,明确语句目的。

◆ 同声韵四声音节练习

【训练提示】

气息贯通,分配合理;调类准确,调值到位。

音素完整,过渡自然;放大处理,一气呵成。

声调训练的目的是帮助我们掌握普通话相对音高的结构形式,准确区分音域中的高、中、低音;学会控制声带的松紧,使声调的发音准确到位,并随语流自然变化。

需要说明的是,如果将声调练习和气息控制紧密联系在一起,将有助于声调的发音。

普通话四个声调发音时的气息状态各不相同。发阴平时,气息微微紧绷,由始至终绷着一口气,并且气息平稳,基本无变化;发阳平时,气息起音时松,越来越紧,是由松到紧的变化过程;发上声时,随着降升的变化气息也在由紧到松再到紧地变化着;发去声时,气息先紧再松,越来越松,气息变化是由紧到松。

请你牢牢记住下面这个顺口溜,它可是声调练习的好帮手。

阴平:起音高平莫低昂,气势平均不紧张。

阳平:从中起音向上扬,用气弱起逐渐强。

上声:上声先降转上挑,降时气稳扬时强。

去声:高起直降向低唱,强起到弱气通畅。[1]

1.双唇音:

巴 bā	拔 bá	把 bǎ	罢 bà
坡 pō	婆 pó	叵 pǒ	破 pò
猫 māo	毛 máo	卯 mǎo	帽 mào

2.唇齿音:

方 fāng	房 fáng	仿 fǎng	放 fàng

① 吴弘毅.实用播音教程:第一册普通话语音和播音发声[M].北京:北京广播学院出版社,2002:75.

3.舌尖中音：

低 dī	敌 dí	底 dǐ	弟 dì
通 tōng	同 tóng	统 tǒng	痛 tòng
妞 niū	牛 niú	扭 niǔ	拗 niù
撩 liāo	聊 liáo	了 liǎo	料 liào

4.舌根音：

姑 gū	骨 gú	古 gǔ	顾 gù
科 kē	咳 ké	可 kě	刻 kè
酣 hān	含 hán	喊 hǎn	汉 hàn

5.舌面音：

居 jū	局 jú	举 jǔ	据 jù
青 qīng	情 qíng	请 qǐng	庆 qìng
香 xiāng	降 xiáng	想 xiǎng	象 xiàng

6.翘舌音：

知 zhī	职 zhí	止 zhǐ	至 zhì
称 chēng	成 chéng	逞 chěng	秤 chèng
申 shēn	神 shén	沈 shěn	甚 shèn
嚷 rāng	瓤 ráng	壤 rǎng	让 ràng

7.平舌音：

作 zuō	昨 zuó	左 zuǒ	做 zuò
猜 cāi	才 cái	采 cǎi	菜 cài
虽 suī	随 suí	髓 suǐ	岁 suì

8.开口音：

掰 bāi	白 bái	摆 bǎi	败 bài
抛 pāo	刨 páo	跑 pǎo	泡 pào
飞 fēi	肥 féi	匪 fěi	费 fèi
瞜 lōu	楼 lóu	篓 lǒu	漏 lòu

9.齐齿音：

家 jiā　夹 jiá　甲 jiǎ　架 jià

亲 qīn　勤 qín　寝 qǐn　沁 qìn

些 xiē　斜 xié　写 xiě　谢 xiè

先 xiān　贤 xián　显 xiǎn　县 xiàn

10.合口音：

窗 chuāng　床 chuáng　闯 chuǎng　创 chuàng

蛙 wā　娃 wá　瓦 wǎ　袜 wà

欢 huān　还 huán　缓 huǎn　幻 huàn

乖 guāi　△guái　拐 guǎi　怪 guài

11.撮口音：

薛 xuē　学 xué　雪 xuě　穴 xuè

晕 yūn　云 yún　允 yǔn　运 yùn

圈 quān　全 quán　犬 quǎn　劝 quàn

◆ 两字词声调练习

你是不是发现，单发一个音节时没有问题，可一旦读词组或者句子的时候，如果完全按照字本身的调值读就显得很僵硬，完全不像说话了？这是因为在连读过程中，音节受到前后语流的影响，声调也会发生相应的改变。

在进行本节训练时，除了要注意四声调值的准确，还要注意双音节词的内在联系，不能拆成两个单独的字，连读时要注意吻合变调和轻重格式的规律。

1. 阴阴：

香蕉　江山　咖啡　班车　单一　发声　参加　西安　播音

2. 阴阳：

资源　坚决　鲜明　飘扬　新闻　编排　发言　加强　星球

3. 阴上：

批准　发展　班长　听讲　灯塔　根本　生产　艰苦　歌舞

4. 阴去：

庄重 播送 音乐 规范 通信 飞快 单位 希望 欢乐

5.阳阴：

国歌 联欢 革新 南方 群居 农村 长江 航空 围巾

6. 阳阳：

直达 滑翔 儿童 团结 人民 模型 联合 驰名 临时

7. 阳上：

华北 黄海 遥远 泉水 勤恳 民主 情感 描写 难免

8. 阳去：

豪迈 辽阔 模范 林业 盘踞 局势 革命 同志 白菜

9. 上阴：

指标 统一 转播 北京 纺织 整装 掌声 法医 演出

10. 上阳：

指南 普及 反常 谴责 讲完 朗读 考察 里程 起航

11. 上上：

古典 北海 领导 鼓掌 广场 展览 友好 导演 首长

12. 上去：

改造 舞剧 主要 访问 考试 想象 土地 广大 写作

13. 去阴：

下乡 矿工 象征 地方 贵宾 列车 卫星 认真 降低

14.去阳：

自然 化学 措辞 特别 电台 会谈 政权 配合 未来

15. 去上：

耐久 剧本 跳伞 下雨 运转 外语 办法 信仰 戏曲

16. 去去：

日月 大厦 破例 庆贺 宴会 画像 示范 大会 快报

两字词声调对比练习，通过对比来记忆汉字声调。

截机—阶级 春节—纯洁 字母—字模 松鼠—松树

会意—回忆 裁决—采掘 指示—致使 土地—徒弟

枝叶—职业　肇事—找事　导演—导言　几时—计时
朱姨—竹椅　新意—信宜　鲜鱼—闲语　佳节—假借
整洁—政界　从师—从事　鸳鸯—远洋　指导—知道
展览—湛蓝　冲锋—重逢　孤立—鼓励　贺信—核心
中华—种花　面前—棉签　灰白—回拜　吴叔—武术
题材—体裁　乘法—惩罚　天才—甜菜　无疑—武艺
河水—喝水　司机—四季　医务—遗物　艰巨—检举
化学—滑雪　管理—惯例　时节—使节　实施—事实
主体—主题　大雪—大学　完了—晚了　申请—深情
籍贯—机关　捂住—物主　百年—拜年　犹豫—鱿鱼

◆ 四字词声调练习

四音节词语的声调发音训练，一方面可检验四声在语流中的稳定程度，另一方面可训练气息的控制。

调值是个无形的东西，我们把它联系在有形的词语上，就会使记忆更加牢固。阴阳上去不管处在哪里，都要合乎前后音节声调的顺势承接。

1. 顺序四声：

天然宝藏　光明磊落　高原广阔　巍峨耸立
花红柳绿　资源满地　山明水秀　中国伟大
山河美丽　中流砥柱

2. 逆序四声：

万里晴空　妙手回春　破釜沉舟　四海为家
碧草如茵　智勇无双　耀武扬威　寿比南山
袖里乾坤　大有文章

3. 同调四声：

江山多娇　珍惜光阴　风吹花香　挖空心思
声东击西　含糊其词　牛羊成群　名存实亡
文如其人　严格执行　处理稳妥　党委领导

选举厂长　勉强饮酒　岂有此理　变幻莫测

胜利闭幕　艺术概论　对症下药　见利忘义

4. 四声交错：

语重心长　集思广益　教学相长　得心应手

以身作则　无可非议　万马奔腾　百炼成钢

画龙点睛　感同身受　不胫而走　所向无敌

高瞻远瞩　不堪回首　龙飞凤舞　超群绝伦

班门弄斧　始终不渝　和风细雨　气壮山河

5. 按声母顺序排列①：

b

百炼成钢　波澜壮阔　暴风骤雨　壁垒森严

p

排山倒海　喷薄欲出　鹏程万里　普天同庆

m

满园春色　名不虚传　满腔热情　目不转睛

f

发愤图强　翻江倒海　丰功伟绩　赴汤蹈火

d

大快人心　当机立断　颠扑不破　斗志昂扬

t

谈笑风生　滔滔不绝　天衣无缝　推陈出新

n

鸟语花香　逆水行舟　能者多劳　宁死不屈

l

老当益壮　雷厉风行　力挽狂澜　龙飞凤舞

① 王璐，吴洁茹.新编播音员主持人语音发声手册[M].北京：中国国际广播出版社，2006：48.

g

盖世无双　高瞻远瞩　攻无不克　光彩夺目

k

开卷有益　慷慨激昂　克敌制胜　快马加鞭

h

豪言壮语　和风细雨　横扫千军　呼风唤雨

j

艰苦奋斗　锦绣河山　继往开来　举世无双

q

千军万马　气壮山河　晴天霹雳　群威群胆

x

喜笑颜开　响彻云霄　心潮澎湃　栩栩如生

zh

辗转反侧　朝气蓬勃　咫尺天涯　专心致志

ch

超群绝伦　称心如意　赤子之心　出奇制胜

sh

山水相连　舍生忘死　深情厚谊　生龙活虎

r

饶有风趣　人才辈出　日新月异　如火如荼

z

赞不绝口　责无旁贷　再接再厉　自知之明

c

沧海一粟　层出不穷　灿烂光明　从容就义

s

四海为家　三思而行　所向披靡　肃然起敬

6. 成语歌：

流水不腐，户枢不蠹　　路不拾遗，夜不闭户

路见不平，拔刀相助　　皮之不存，毛将焉附
无源之水，无本之木　　衣不蔽体，食不果腹
不经一事，不长一智　　不入虎穴，焉得虎子
将欲取之，必先予之　　两刃相割，利钝乃知
蓬生麻中，不扶自直　　前事不忘，后事之师
欲加之罪，何患无辞　　差之毫厘，谬之千里
持之有故，言之成理　　非我族类，其心必异
鞠躬尽瘁，死而后已　　烈士暮年，壮心不已
日月经天，江河行地　　庆父不死，鲁难未已
食不甘味，卧不安席　　事不关己，高高挂起
投我以桃，报之以李　　一波未平，一波又起
比上不足，比下有余　　城门失火，殃及池鱼
大辩若讷，大智若愚　　呼之即来，挥之即去
棋逢对手，将遇良才　　一夫当关，万夫莫开

常见的声调发音问题与解决方案

◆ 调类错误

中国的方言大致分为七大方言区。根据各方言区的声调状况又可分为两大类：一类是北方方言——大多数地区的声调数目是四个；另一类是南方方言——声调数目较多，许多方言有六七个声调，并且大多数有入声调。

需要说明的是，即便方言区和普通话的声调调值相同，也不一定属于同一个调类。因此，我们只有分清哪些字归什么调类，声调发音才能准确到位。比如粤语方言区的人，常常将阴平和去声混同，总是在这两类声调上出现差错。究其原因，是广州、香港等地去声分作“阴去、阳去”，但在普通话中都读去声。如果你有这样的问题就要格外注意了，因为在工作中你有可能将“四十一”中的“一”读成低降，听起来就像是“四十亿”，一音之别也许会造成难以估量的经济损失。

◆ 调值不到位

就全国范围的方言而言，虽然大部分地区有阴阳上去四个调类，但调值的差异很大。

如果能分清自己方言中的声调，再和普通话的声调做对比，从中找出它们之间的对应规律，声调的发音训练就会取得事半功倍的效果。

◇ 问题一：阴平过低

【分析原因】

来自天津、太原、沈阳、长沙的人，阴平过低的问题会比较突出。因为在这些方言区，阴平的调值都低于普通话阴平的调值55。

调值偏低并不影响交流，但不符合普通话的规范标准。特别是朗读文学作品时，如果调值偏低，不但影响整体语言面貌，还会影响语意的表达。

【解决方案】

1.理论梳理：阴平有为其他三个声调定高低的作用，如果阴平调值掌握不好，会影响其他声调的发音。

从普通话四个声调的调值来看，高音成分居多，高音5度的定音非常重要。如果高音不稳定，声调的相对高点就不一致。因此，阴平具有“定调”的作用。有些人阴平读得过低，相应也会有去声降不下来、阳平高不上去的问题。

2.特别提示：练习阴平，我们可先用单韵母读出高、中、低三种平调，体会发高音时声带拉紧、发低音时声带放松的不同感觉。这种控制声带松紧的训练，为我们掌握升、降、曲三种声调打下基础。练习时，我们也可利用阳平的高音顺势带发阴平。

字词练习

1. 两字同调：

阴平

高音—音箱—箱中—中心—心声—声腔

2. 两字异调：

阳平+阴平

节约　农村　年轻　孪生

甜酸　提出　难听　浮雕

3. 四字同调：

阴平

春天花开　居安思危　东风飘香　珍惜光阴

绕口令练习

栽花和种瓜

妈妈爱栽花，爸爸爱种瓜；
妈妈栽桃花，爸爸种西瓜；
桃花红，红桃花，娃娃脸上笑哈哈。

句段练习

每当夜幕降临，天空布满闪烁的星星，地球上任何一个角落的人群，都可以翘首望天。远古时代，虽然人类对宇宙的规律一无所知，却不能抑制对美丽星空的遐想。比如古印度人想象，我们的世界是由四只大象支撑的，大象站在巨龟的背上，漂游在由巨蟒环绕的海洋上。

人活在世上，说和听是两件要务。说，主要是表达自己的思想情感和意识，每一个说话人都希望别人能够听到自己的声音。听，就是接收他人描述内心想法，以达到沟通和交流的目的。听和说像是鲲鹏的两只翅膀，必须协调展开，才能直上九万里。

短文练习

秋　天[①]　何其芳

震落了清晨满披着的露珠，

① 何其芳.秋天[M]//课程教材研究所，中学语文课程教材研究开发中心.语文：七年级上册.北京：人民教育出版社，2001：64.

伐木声丁丁地飘出幽谷。
放下饱食过稻香的镰刀，
用背篓来装竹篱间肥硕的瓜果。
秋天栖息在农家里。

向江面的冷雾撒下圆圆的网，
收起青鳊鱼似的乌桕叶的影子。
芦蓬上满载着白霜，
轻轻摇着归泊的小桨。
秋天游戏在渔船上。

草野在蟋蟀声中更寥阔了。
溪水因枯涸见石更清洌了。
牛背上的笛声何处去了，
那满流着夏夜的香与热的笛孔？
秋天梦寐在牧羊女的眼里。

◇ 问题二：阳平拐弯或升不上去

【分析原因】

来自西北、山西的人，在学习普通话时容易出现这类问题。阳平的调形为上升的直线，如果发音时调形过长，使得调形加了一个“拐弯儿”，就变成升降调或曲折调了。调形不对，调值也相应发生变化，这个声调就偏离了正确的读音。拖音拖调也会导致阳平拐弯。

【解决方案】

1.理论梳理：阳平调值是35，首先要把握其上升的特点。另外阳平的起点不能过高或过低，终点则与普通话阴平的起点相同。发好阳平的关键在于起调适中，直接上升，而不要曲线上升。

2.特别提示：多读去声和阳平相连的词语，有助于练好阳平。

字调练习

1. 两字同调：

阳平

和平—平常—常年—年轮—轮流—流行

2. 两字异调：

去声+阳平

洽谈　　太阳　　蕴藏

问题　　灭亡　　政权

3. 四字同调：

阳平

儿童文学　严格执行　牛羊成群　闻名全球

绕口令练习

溪边洗席

一领细席，席上有泥；溪边去洗，溪洗细席。

船上挂白帆

河里有只船，船上挂白帆；

风吹帆张船向前，无风帆落停下船。

句段练习

我们的声音柔和了，就更容易渗透到辽远的空间。我们的目光柔和了，就更轻灵地卷起心扉的窗纱。我们的面庞柔和了，就更流畅地传达温暖的诚意。我们的身体柔和了，就更准确地表明与人平等的信念。

我家的后面有一个很大的园，相传叫作百草园。现在是早已并屋子一起卖给朱文公的子孙了，连那最末次的相见也已经隔了七八年，其中似乎确凿只有一些野草；

但那时却是我的乐园。①

短文练习

观 潮②

钱塘江大潮,自古以来被称为天下奇观。

农历八月十八是一年一度的观潮日。这一天早上,我们来到了海宁市的盐官镇,据说这里是观潮最好的地方。我们随着观潮的人群,登上了海塘大堤。宽阔的钱塘江横卧在眼前。江面很平静,越往东越宽,在雨后的阳光下,笼罩着一层蒙蒙的薄雾。镇海古塔、中山亭和观潮台屹立在江边。远处,几座小山在云雾中若隐若现。江潮还没有来,海塘大堤上早已人山人海。大家昂首东望,等着,盼着。

午后一点左右,从远处传来隆隆的响声,好像闷雷滚动。顿时人声鼎沸,有人告诉我们,潮来了!我们踮着脚往东望去,江面还是风平浪静,看不出有什么变化。过了一会儿,响声越来越大,只见东边水天相接的地方出现了一条白线,人群又沸腾起来。

那条白线很快向我们移来,逐渐拉长,变粗,横贯江面。再近些,只见白浪翻滚,形成一堵两丈多高的水墙。浪潮越来越近,犹如千万匹白色战马齐头并进,浩浩荡荡地飞奔而来;那声音如同山崩地裂,好像大地都被震得颤动起来。

霎时,潮头奔腾西去,可是余波还在漫天卷地般涌来,江面上依旧风号浪吼。过了好久,钱塘江才恢复了平静。看看堤下,江水已经涨了两丈来高了。

◇ 问题三:上声喑哑

【分析原因】

上声是普通话四声里最难掌握的。因为上声的变化最大,先降后升,而且在语流中较少以本调出现,多以变调的形式出现。

学习普通话时上声发音出现的问题多集中于只降不升,或者升了但不到位。

---

① 鲁迅.从百草园到三味书屋[M]//洪宗礼.语文:七年级下册.南京:江苏教育出版社,2003:70。

② 赵宗成,朱明元.观潮[M]//课程教材研究所,小学语文课程教材研究开发中心.语文:四年级上册.北京:人民教育出版社,2010:2.

另外，有人在发上声时，气息不足以支持整个上声的发出，声音出现暗哑现象。

【解决方案】

1. 理论梳理：上声调值是214，发音时声带由松到紧。上声的降升变化是平滑的弯曲变化，尤其是由1度升到4度的过程，不要有折起的硬拐弯感觉。

在语流中上声多以变调形式出现，但基本调值是变化的基础，所以首先应读准上声的本调，掌握了基本调值才能掌握它的变化。

2. 特别提示：采用拖长低音区发音的方法，多读去声和上声相连的词语，有助于练好上声。

字词练习

1. 两字同调：

上声

选举—举手指—指导—导演—演讲

2. 两字异调：

去声+上声

夜晚　跳舞　大嫂　进取　借口　酗酒

3. 四字同调：

上声

党委领导　理想美好　产品展览　请你指导

绕口令练习

小花鼓

一面小花鼓，鼓上画老虎。

宝宝敲破鼓，妈妈拿布补。

不知是布补鼓，还是布补虎。

句段练习

胡杨生下来一千年不死，死了后一千年不倒，倒下去一千年不朽。这不是神话。无论是在塔里木，还是在内蒙额济纳旗，我都看见了大片壮阔无边的胡杨。[①]

雅鲁藏布大峡谷，映衬着雪山冰川和郁郁苍苍的原始林海，云遮雾涌，神秘莫测。大峡谷的水，从固态的万年冰雪到沸腾的温泉，从涓涓细流、帘帘飞瀑到滔滔江水，真是千姿百态。

短文练习

雪[②](节选) 鲁迅

暖国的雨，向来没有变过冰冷的坚硬的灿烂的雪花。博识的人们觉得他单调，他自己也以为不幸否耶？江南的雪，可是滋润美艳之至了；那是还在隐约着的青春的消息，是极壮健的处子的皮肤。雪野中有血红的宝珠山茶，白中隐青的单瓣梅花，深黄的磬口的蜡梅花；雪下面还有冷绿的杂草。蝴蝶确乎没有；蜜蜂是否来采山茶花和梅花的蜜，我可记不真切了。但我的眼前仿佛看见冬花开在雪野中，有许多蜜蜂们忙碌地飞着，也听得他们嗡嗡地闹着。

孩子们呵着冻得通红，像紫芽姜一般的小手，七八个一起来塑雪罗汉。因为不成功，谁的父亲也来帮忙了。罗汉就塑得比孩子们高得多，虽然不过是上小下大的一堆，终于分不清是葫芦还是罗汉；然而很洁白，很明艳，以自身的滋润相粘结，整个地闪闪地生光。孩子们用龙眼核给他做眼珠，又从谁的母亲的脂粉奁(lián)中偷得胭脂来涂在嘴唇上。这回确是一个大阿罗汉了。他也就目光灼灼地嘴唇通红地坐在雪地里。

第二天还有几个孩子来访问他；对了他拍手，点头，嬉笑。但他终于独自坐着了。晴天又来消释他的皮肤，寒夜又使他结一层冰，化作不透明的水晶模样；连续的晴天又使他成为不知道算什么，而嘴上的胭脂也褪尽了。

① 潘岳.西风胡杨[M]//语文出版社教材研究中心.语文:五年级上册.北京:语文出版社,2008:92.

② 鲁迅.雪[M]//课程教材研究所,中学语文课程教材研究开发中心.语文:八年级下册.北京:人民教育出版社,2001:56.

◇ **问题四:去声低不下来**

【分析原因】

有些人读去声时感到困难,降不下去。虽然去声是四个声调中时值最短的,但也有一定的时长。如果气息不足,声调只发一半,就不够规范了。

【解决方案】

1.理论梳理:去声调值是51,发音时声带先紧后松,声音从最高降到最低。注意发音时将去声的幅度拉大,体现全降调的过程。

2.特别提示:多读阴平和去声相连的词语,有助于读好去声。

字词练习

1. 两字同调:

去声

大会—会议—议事—事变—变动—动态

2. 两字异调:

阴平+去声

沙漠　车站　当代　开阔　阶段　生命

3. 四字同调:

去声

爱护备至　变幻莫测　意气用事　背信弃义

绕口令练习

小陆护树

北风吹摇路边树,小陆上前把树护。

一个木杆路旁竖,一根绳子拴捆住。

树有木杆做支柱,木杆支树树稳固。

句段练习

从六朝开始就有了绝句，而如此工整、精妙，同时又能将四句全部一一对仗的诗，怕也只有作为"诗圣"的杜甫能力所及。诗中四句诗对应了四个景色，犹如四扇屏风展现在我们面前。看似完全在写景，但这样一种明媚的自然景色，实际上折射的是诗人欢快灵动的内心世界。

我慢慢地、慢慢地了解到，所谓父女母子一场，只不过意味着，你和他的缘分就是今生今世不断地在目送他的背影渐行渐远。你站立在小路的这一端，看着他逐渐消失在小路转弯的地方，而且，他用背影告诉你：不必追。

短文练习

香港最贵的一棵树（节选）[①] 舒乙

在湾仔，香港最热闹的地方，有一棵榕树，它是最贵的一棵树，不光在香港，在全世界，都是最贵的。

树，活的树，又不卖何言其贵？只因它老，它粗，是个香港百年沧桑的活见证，香港人不忍看着它被砍伐，或者被移走，便跟要占用这片山坡的建筑者谈条件：可以在这儿建大楼盖商厦，但一不准砍树，二不准挪树，必须把它原地精心养起来，成为香港闹市中的一景。太古大厦的建设者最后签了合同，占用这个大山坡建豪华商厦的先决条件是同意保留这棵老树。

树长在半山坡上，计划将树下面的成千上万吨山石全部掏空取走，腾出地方来盖楼。把树架在大楼上面，仿佛它原本是长在楼顶上似的。建设者就地造了一个直径十八米、深十米的大花盆，先固定好这棵老树，再在大花盆底下盖楼。光这一项就花了两千三百八十九万港币，堪称是最昂贵的保护措施了。

① 舒乙.香港最贵的一棵树[M]//国家语言文字工作委员会普通话培训测试中心.普通话水平测试实施纲要.北京：商务印书馆，2004：426.

普通话声调的综合练习

声调要清楚，调值来分辨；
阴阳上去明，字正又腔圆；
阴去分得清，上声发得全；
节奏和韵律，抑扬且顿挫；
说话有美感，声情两并茂；
交际无阻碍，语文素养高。

希望你把声调放在具体的语言环境中去训练。

一是，不要说字话，在语流中要注意前后音节声调的协调。

二是，要明确语句目的，要突出语句重音。而要突出语句重音，音高、音长的变化取决于对声调的处理。

绕口令

搬白布（阴平、阳平、上声、去声）

爸爸搬白布，伯伯搬柏木。
爸爸不搬柏木搬白布，伯伯不搬白布搬柏木。

端汤（阴平、阳平）

老唐端蛋汤，踏凳登宝塔。
只因凳太滑，汤洒汤烫塔。

梨、栗（阳平、去声）

老罗拉了一车梨，老李拉了一车栗。
老罗人称大力罗，老李人称李大力。
老罗拉梨做梨酒，老李拉栗去换梨。

两个棋迷（阳平、上声）

两个棋迷，一个姓米，一个姓齐。
米棋迷，齐棋迷，一起下棋。
米棋迷要吃齐棋迷的车。

九与酒（上声）

九月九，九个酒迷喝醉酒。
九个酒杯九杯酒，九个酒迷喝九口。
喝罢九口酒，又倒九杯酒。
九个酒迷端起酒，“咕咚、咕咚”又九口。
九杯酒，酒九口，喝罢九个酒迷醉了酒。

一起去旅游（阴平、阳平）

吕楠率领的女篮和蓝南带领的男篮决定一起去旅游。
女篮主力吕楠说这一趟我们从北京出发，
先去爨底下，然后走河北涿州、蔚县，河南浚县、渑池，
往南到江苏盱眙、浒墅关，浙江台州、乐清，上海莘庄，安徽亳州，
向西走到湖北猇亭、黄陂，最后到重庆涪陵。

四声歌（阴平、阳平、上声、去声）

学好声韵辨四声，阴阳上去要分明。
部位方法要找准，开齐合撮属口形。
双唇班报必百波，舌面积结教坚精。
翘舌主争真知照，平舌资则早在增。
擦音发翻飞分复，送气查柴产彻称。
合口呼午枯胡古，开口河坡歌安争。
撮口虚学寻徐剧，齐齿衣优摇业英。
前鼻恩因烟弯稳，后鼻昂迎中拥生。

咬紧字头归字尾，阴阳上去记变声。
循序渐进坚持练，不难达到纯和清。

诗词和句段

1. 阴平练习：

题菊花　〔唐〕黄巢

飒飒西风满院栽，蕊寒香冷蝶难来。
他年我若为青帝，报与桃花一处开。

浪淘沙·九曲黄河万里沙　〔唐〕刘禹锡

九曲黄河万里沙，浪淘风簸自天涯。
如今直上银河去，同到牵牛织女家。

落　花　〔唐〕李商隐

高阁客竟去，小园花乱飞。
参差连曲陌，迢递送斜晖。
肠断未忍扫，眼穿仍欲稀。
芳心向春尽，所得是沾衣。

山中送别　〔唐〕王维

山中相送罢，日暮掩柴扉。
春草明年绿，王孙归不归？

望庐山瀑布　〔唐〕李白

日照香炉生紫烟，遥看瀑布挂前川。
飞流直下三千尺，疑是银河落九天。

今天，日暖风高，我和同学去放风筝。风筝就像一只苍鹰越飞越高，越飞越高。真是应了那两句古诗：好风凭借力，平步上青云。

声音是世界上最奇妙的东西，无影无踪，无体积无重量无定形，却又入耳牵心，移神动性，说不言之言，达意外之意，无为而无所不有。[①]

2. 阳平练习：

元　日　〔宋〕王安石

爆竹声中一岁除，春风送暖入屠苏。
千门万户曈曈日，总把新桃换旧符。

赠别二首之二　〔唐〕杜牧

多情却似总无情，唯觉樽前笑不成。
蜡烛有心还惜别，替人垂泪到天明。

论　诗　〔清〕赵翼

李杜诗篇万口传，至今已觉不新鲜。
江山代有才人出，各领风骚数百年。

黄鹤楼送孟浩然之广陵　〔唐〕李白

故人西辞黄鹤楼，烟花三月下扬州。
孤帆远影碧空尽，唯见长江天际流。

那耸立于山谷之中的寨子，那处置在水边的磨坊，浅架于水面上的踏桥，常年转动的经轮，不停飘动的经幡，又把人们带到了一种神圣而虔诚的世界之中。

3. 上声练习：

卜算子·咏梅　〔宋〕陆游

驿外断桥边，寂寞开无主。已是黄昏独自愁，更著风和雨。
无意苦争春，一任群芳妒。零落成泥碾作尘，只有香如故。

---

① 王蒙.声音的世界[M]//课程教材研究所，中学语文课程教材研究开发中心.语文：七年级下册.北京：人民教育出版社，2010.

望 岳 〔唐〕杜甫

岱宗夫如何?齐鲁青未了。
造化钟神秀,阴阳割昏晓。
荡胸生曾云,决眦入归鸟。
会当凌绝顶,一览众山小。

贫交行 〔唐〕杜甫

翻手为云覆手雨,纷纷轻薄何须数。
君不见管鲍贫时交,此道今人弃如土。

眼前这哪里是海呢?只是水,水的天,水的地,水的色彩,水的造型。那如花灿开的浪,时起时伏的波,星星点点的雨,湿湿蒙蒙的雾,一起塞满了这个蓝天覆盖下的穹庐。

湖水的颜色随着天气而变幻。晴朗的蓝天,湖水碧蓝;天色阴沉,湖水就变得灰暗了。高原的气候说变就变,美丽的青海湖也就不断地改换装扮,把它的风姿展现在您的眼前。

4. 去声练习:

寻隐者不遇 〔唐〕贾岛

松下问童子,言师采药去。
只在此山中,云深不知处。

醉花阴 〔宋〕李清照

薄雾浓云愁永昼,瑞脑消金兽。佳节又重阳,玉枕纱厨,半夜凉初透。
东篱把酒黄昏后,有暗香盈袖。莫道不消魂,帘卷西风,人比黄花瘦。

那些团扇大的叶片,长得密密层层,望去不留一线空隙,好像一个大绿障,又好像图案画中的一座青山。在我所常见的庭院植物中,叶子之大,除了芭蕉以外,恐怕无过于梧桐了。

大约在新石器时代的晚期,一只树条编成的篮子不经意间被涂上淤泥,又在不经意间经火烧烤,居然变成了可盛物的容器。先人们对此无比好奇,把泥巴捏成自己想要的形状再烧烤成器,他们终于有了第一个蒸煮储存食物的器具——陶器。6 000年后,中国成为世界上最负盛名的瓷器大国。

篇章

未选择的路①　〔美〕罗伯特·弗罗斯特

金色的树林中有两条岔路,
可惜我不能沿着两条路行走;
我久久地站在那分岔的地方,
极目眺望其中一条路的尽头,
直到它转弯,消失在树林深处。

然后我毅然踏上了另一条路,
这条路也许更值得我向往,
因为它荒草丛生,人迹罕至;
不过说到其冷清与荒凉,
两条路几乎一模一样。

那天早晨两条路都铺满落叶,
落叶上都没有被踩踏的痕迹。
唉,我把第一条路留给将来!
但我知道人世间阡陌纵横,
我不知将来能否再回到那里。

我将会一边叹息一边叙说,
在某个地方,在很久很久以后:

① 弗罗斯特.未选择的路[M]//课程教材研究所,中学语文课程教材研究开发中心.语文:七年级下册.北京:人民教育出版社,2008:35.

曾有两条小路在树林中分手，
我选了一条人迹稀少的行走，
结果后来的一切都截然不同。

当你老了[①] 〔爱尔兰〕威廉·巴特勒·叶芝

当你老了，头发白了，睡意昏沉，
炉火旁打盹，请取下这部诗歌，
慢慢读，回想你过去眼神的柔和，
回想它们昔日浓重的阴影。

多少人爱你青春欢畅的时辰，
爱慕你的美丽、假意或真心，
只有一个人爱你那朝圣者的灵魂，
爱你衰老了的脸上痛苦的皱纹。

垂下头来，在红光闪耀的炉子旁，
凄然地轻轻诉说那爱情的消逝，
在头顶的山上它缓缓踱着步子，
在一群星星中间隐藏着脸庞。

罗布泊，消逝的仙湖（节选）[②] 吴刚

塔克拉玛干沙漠边缘有个罗布泊。自20世纪初瑞典探险家斯文·赫定闯入罗布泊，它才逐渐为人所知。

1980年，我国著名的科学家彭家木在那里进行科学考察失踪；16年后，探险家余纯顺又在那里遇难，更给罗布泊增添了几分神秘色彩。

罗布泊，一望无际的戈壁滩，没有一棵草，一条溪，夏季气温高达70℃。罗布泊，天空中不见一只鸟，没有任何飞禽敢于穿越。

---

① 叶芝.当你老了[M]//北岛.给孩子的诗.北京：中信出版社，2014：39.

② 吴刚.罗布泊，消逝的仙湖[M]//课程教材研究所，中学语文课程教材研究开发中心.语文：八年级下册.北京：人民教育出版社，2001：91.

可是,从前的罗布泊不是沙漠。在遥远的过去,那里却是牛马成群、绿林环绕、河流清澈的生命绿洲。

罗布泊,“泊”字左边是三点水啊!

翻开有关西域的历史书籍,你会惊异于罗布泊的热闹繁华。

《汉书·西域传》记载了西域36国在欧亚大陆的广阔腹地画出的绵延不绝的绿色长廊,夏季走入这里与置身江南无异。昔日塔里木盆地丰富的水系滋润着万顷绿地。当年张骞肩负伟大历史使命西出阳关,当他踏上这片想象中荒凉萧瑟的大地时,却被它的美丽惊呆了。映入张骞眼中的是遍地的绿色和金黄的麦浪,从此,张骞率众人开出了著名的丝绸之路。

另据史书记载,在4世纪时,罗布泊水面超过20万平方公里。到了20世纪还有1 000多平方公里水域。斯文·赫定在20世纪30年代进罗布泊时还乘小舟。他坐着船饶有兴趣地在水面上转了几圈,他站在船头四下远眺,感叹这里的美景。回国后,斯文·赫定在他那部著名的《亚洲腹地探险8年》一书中写道:罗布泊使我惊讶,罗布泊像座仙湖,水面像镜子一样,在和煦的阳光下,我乘舟而行,如神仙一般。在船的不远处几只野鸭在湖面上玩耍,鱼鸥及其他小鸟欢娱地歌唱着……

被斯文·赫定赞誉过的这片水域于20世纪70年代完全消失,罗布泊从此成了令人恐怖的地方。

我为什么当教师① 〔美〕贝得勒

我为什么非要教书不可?是因为我喜欢当教师的时间安排表和生活节奏。七、八、九三个月给我提供了进行回顾、研究、写作的良机,并将三者有机融合,而善于回顾、研究和总结正是优秀教师素质中不可缺少的成分。

干这行给了我多种多样的“甘泉”去品尝,找优秀的书籍去研读,到“象牙塔”和实际世界里去发现。教学工作给我提供了继续学习的时间保证,以及多种途径、机遇和挑战。

然而,我爱这一行的真正原因,是爱我的学生。学生们在我的眼前成长、变化。

---

① 贝得勒.我为什么当教师[M]//国家语言文字工作委员会普通话培训测试中心.普通话水平测试实施纲要.北京:商务印书馆,2004:420.

当教师意味着亲历“创造”过程的发生——恰似亲手赋予一团泥土以生命，没有什么比目睹它开始呼吸更激动人心的了。

权利我也有了：我有权利去启发诱导，去激发智慧的火花，去问费心思考的问题，去赞扬回答的尝试，去推荐书籍，去指点迷津。还有什么别的权利能与之相比呢？

而且，教书还给我金钱和权利之外的东西，那就是爱心。不仅有对学生的爱，对书籍的爱，对知识的爱，还有教师才能感受到的对“特别”学生的爱。这些学生，有如冥顽不灵的泥块，由于接受了老师的炽爱才勃发了生机。

所以，我爱教书，还因为，在那些勃发生机的“特别”学//生身上，我有时发现自己和他们呼吸相通，忧乐与共。

思考练习题

一、下面列出的几对词语，每对的声韵母发音都相同，你能区别它们的不同声调吗？

汉语—韩语　火车—货车　被子—杯子

眼睛—眼镜　注意—主意　愿意—原意

买鞋—卖鞋　小时—小事　经理—经历

二、请为下列词语标注声调。

针灸　狙击　慷慨　牛虻　谬论　按捺　木讷　奇葩

洪泽湖　联合国　园林局　儿童节

虚怀若谷　拈轻怕重　班门弄斧　妙手回春　龙飞凤舞

咎由自取　轻描淡写　背井离乡　和平繁荣　和风细雨

三、请找出下列语句中的上声。

什么也不能教她暖过来；她的脚冷得发木，从小腿直到臀部都发着抖，使她不停地翻来覆去安不下心，神经焦躁到极点了。不久，牙齿咯咯作响；两手发抖；胸口紧压得难受；心怦怦地跳得很慢，有时简直像要停止跳动了；嗓子仿佛就要喘不上气来。

一个春天的月牙在天上挂着。我看出它的美来。天是暗蓝的，没有一点云。那个月牙清亮而温柔，把一些软光儿轻轻送到柳枝上。院中有点小风，带着南边的花香，把柳条的影子吹到墙角有光的地方来，又吹到无光的地方去。

四、将你的方言同普通话声调做对比，求同存异，找出规律。

声调自我评价表

普通话	方言区	差异	对应规律
阴平			
阳平			
上声			
去声			

五、课后朗读练习，注意把握声调的准确到位。

赠你四味长寿药 蒲昭和

有一次，苏东坡的朋友张鹗拿着一张宣纸来求他写一幅字，而且希望他写一点儿关于养生方面的内容。苏东坡思索了一会儿，点点头说："我得到了一个养生长寿古方，药只有四味，今天就赠给你吧。"于是，东坡的狼毫在纸上挥洒起来，上面写着："一曰无事以当贵，二曰早寝以当富，三曰安步以当车，四曰晚食以当肉。"

这哪里有药？张鹗一脸茫然地问。苏东坡笑着解释说，养生长寿的要诀，全在这四句里面。

所谓"无事以当贵"，是指人不要把功名利禄、荣辱过失考虑得太多，如能在情志上潇洒大度，随遇而安，无事以求，这比富贵更能使人终其天年。

"早寝以当富"，指吃好穿好、财货充足，并非就能使你长寿。对老年人来说，养成良好的起居习惯，尤其是早睡早起，比获得任何财富更加宝贵。

"安步以当车"，指人不要过于讲求安逸、肢体不劳，而应多以步行来替代骑马乘车，多运动才可以强健体魄，通畅气血。

"晚食以当肉"，意思是人应该用已饥方食、未饱先止代替对美味佳肴的贪吃无厌。他进一步解释，饿了以后才进食，虽然是粗茶淡饭，但其香甜可口会胜过山珍；如果饱了还要勉强吃，即使美味佳肴摆在眼前也难以//下咽。

苏东坡的四味"长寿药"，实际上是强调了情志、睡眠、运动、饮食四个方面对养生长寿的重要性，这种养生观点即使在今天仍然值得借鉴。

（《普通话水平测试实施纲要》作品 54 号）

训练秘诀

每天朗读一段

——朗读北京作家写的经典作品

每天学习一段

——学习经典的相声段子

每天说上一段

——与普通话说得好的朋友一起设置话题，模拟“场景会话”

每天演上一段

——以《雷雨》《茶馆》等人艺经典话剧的小片段为例，尽力模仿演员的语言表达方式

第六章 普通话音变——富于变化的色彩

初到北京的英国留学生踏进饭馆开口就将“包子”说成“报纸”，女服务员非常耐心，解释道：“马路对面有卖报纸的，日报、晚报都有。”英国留学生想吃饺子，遗憾的是冲口而出的却是“轿子”，听得女服务员如坠云雾之中。留学生急忙将菜单指给她看，女服务员这才明白原来他是想吃“饺子”。

大家知道，中文是世界上公认的最难学的语言之一，除了特殊的汉字结构与发音规律外，说话时由于声母、韵母和声调在语流中会发生一些相对复杂的变化，常常让学习汉语的人找不着头绪，不知从何下手。

这一章将为你分析普通话中轻声、变调和儿化等音变规律，帮助你进一步找到准确、自然、生动地说普通话的诀窍。

这一章，你将学习和掌握以下内容：

◈ 连读变调的规律

◈ 语气词“啊”的音变规律

◈ 轻声的音变规律

◈ 儿化的音变规律

有一位从欧洲某国来中国学习播音主持的姑娘，在中国学习生活了三年，已经顺利通过了汉语 HSK 考试，口语也说得非常流利，但当她遇到一些篇幅稍长的绕口令、古诗词或是文学作品的时候，往往就会出现不少语音和语法问题，令人啼笑皆非。比如她念绕口令《天上日头》：“天上日头，嘴里舌头，地上石头，手掌指头……”时，不会将句尾的每个名词做轻声处理，读出来的是“天上日 tōu（偷），嘴里舌 tōu（偷），地上石 tōu（偷），手掌指 tōu（偷）……”

其实，这位姑娘与上述笑话里的英国留学生遇到的是同样的问题，他们碰到了普通话学习的难点——语流音变。

什么是语流音变

我们说话时，需要在一定的时间内将一连串的音节组合起来连续说出来，以表达一定的意义与情感。当我们将每个音节连续起来说时，为了适应发音器官的运动，相邻的音节就会因相互影响而发生变化。这种变化我们称为“语流音变”。①

为什么普通话会产生音变现象呢？主要原因是：

1. 人的发音器官不是机器，它是相当灵活的。人们说话时，发音器官处于高速运动之中，各发音器官的部位和采取的发音方法，不可能也不必像发单音节那样固定和僵硬，总会或多或少地偏离标准状态，因而产生音变。②

2. 由于语言环境和个人的发音习惯不同，也会形成音变。比如，“北京话把‘木樨’(mù xī)读成 mù xū，其中的‘樨’(xī)受前面音节中[u]的影响变读成圆唇音[u]，所以很多菜单出现了‘木须肉’‘木须汤’的写法，这就是因语言环境而产生的音变现象”③。

3. 个人的语言表达习惯也是音变产生的另一个原因。生活中有人说话快一些，随便一些，就会出现音变；而慢一些，认真一些，音变现象就可能消失，这与地域、年龄、性别、文化程度、社会地位等都有关系。比如，老北京人习惯把“西红柿鸡蛋面”说成“凶事鸡蛋面”，“花生豆”叫“欢豆”，“口香糖”叫“烤恩糖”，“北京大学”叫“本大学”……这就是语流音变中典型的“减音”现象，通俗地说就是“吃字儿”，即第一、第二个字的韵尾由于语速较快被“减去”了，变成了连读。

其实，世界上绝大部分语言都有音变现象，不仅仅只有汉语才有。比如，我们熟悉的英语 can not(不能)两音节连读时合成一个音节 can't，也属音变中的连读现象。④

连读变调

在普通话里，两个或两个以上音节连在一起时，音节的调值有时会发生变化，

① 吴弘毅.实用播音教程：第一册普通话语音和播音发声[M].北京：北京广播学院出版社，2002：88.
② 刑捍国.实用普通话水平测试与口才提高[M].广州：暨南大学出版社，2007：47.
③ 林焘，王理嘉.语音学教程[M].北京：北京大学出版社，1992：151.
④ 林焘，王理嘉.语音学教程[M].北京：北京大学出版社，1992：156.

这种现象被称为“连读变调”。

普通话中的连读变调主要有：上声变调、去声变调、“一”“不”的变调、重叠形容词的变调。

严格说来，轻声实际上也是一种变调。

◆ 上声变调规律

在普通话中，上声是曲折调，发音时间最长，在语流中往往来不及读完就会自然地发生音变。

在进行上声变调训练时，建议最好从上声单音节着手，从吐字到听觉判断，先建立一个相对准确和完整的发音意识；然后，再针对每个变调规律进行训练。比如，从南方来的同学大多能发好单音节，但碰到上声与非上声音节相连时，对调值度（或时值）的把握有时就不够准确。

1.上声不变调——上声音节单念或在词尾、句尾中读本调。

好　海　美　柳　想　百　跑

丰收

金蝉操琴蝴蝶舞，青蛙蝈蝈敲锣鼓。

农村八月多欢乐，满场满院堆五谷。

2.上声与上声的连读变调——上声与上声相连时，前一个调值由 214 变为 24 或 35（即所谓阳上）。

（1）上声+上声的双音节词的变调：

在吐字清晰的前提下，注意前一个上声音节变成近似阳平的调值，即调值由 214 变为 24。

理想　美好　水井　处理　友好　广场　主讲

领导　小组　手掌　总理　保险　勇敢　反省

（2）上声+上声+上声的三音节词的变调：

按语音停顿情况将其划分为一两个音节，然后按两个上声相连的情况处理。上声相连的三音节词一般有两种形式，即“双单格”和“单双格”。

“双单格”——前两个音节变成阳平 24,读成“24+24+214”。比如：

虎骨/酒　选举/法　展览/馆　跑马/场　手写/体

胆小/鬼　管理/组　蒙古/语　洗脸/水　版本/好

“单双格”——第一个音节变为半上 21,第二个音节变得像阳平 24,读成“21+24+214”。比如：

米/老鼠　小/老虎　很/勇敢　很/美满　好/领导

厂/党委　炒/米粉　小/组长　主/考场　小/拇指

在句段中,当三个以上的上声音节连读时,可以按照上述方法进行结构切分,然后根据双音节或三音节上声连续变调的规律去读。比如①：

我想/请你/给我买/五两/好米酒。

给我/买/五碗/炒米粉。

你给/小李/打/洗脸水。

请你/给我/买/几把/小雨伞。

3.上声与非上声的变调——上声在非上声音节前,如阴平、阳平和去声等,其调值 214 变为 21(即半上)。

(1)上声+非上声的双音节词的变调：

第一个音节由上声 214 变为半上 21。比如：

上声+阴平:导师 主张 演出 喜欢 展出 组织 老师 口腔

上声+阳平:朗读 语言 起航 理由 羽毛 口才 草原 祖国

上声+去声:讲课 稳重 老练 鼓动 丑恶 满意 好像 努力

(2)上声+轻声的双音节词的变调：

第一种读法:第一个音节的上声读成阳平 24。多见于单音节动词重叠和生活中的习惯读法。比如：

走走　打手　哪里　老鼠　小姐　手里　想起

第二种读法:第一个音节变为半上 21。多见于亲属称谓中的上声重叠词、由“子”构成的名词和口语词汇。比如：

奶奶　姐姐　椅子　马虎　耳朵　尾巴

---

① 姚喜双.普通话口语教程[M].北京:高等教育出版社,2009:101.

可熟记以下顺口溜来掌握上声音变规律①：

上连上，变直上。上连非上，变半上。

上声变在轻声前，读成直上或半上。

多上相连划小节，小节中间再两边。

◆ 上声变调综合练习

词语练习

哑巴　主体　伙计　火候　女婿　火柴　手掌　水运

指挥　选本　导演　体统　耳鼓　眨眼　炒豆　影展

买手表　两小碗　小米粥　老两口　女导演　蒙古语

冷处理　洗脚水　打靶场　耍手腕　碾米厂　手写体

请你指导　稳步发展　打井引水　永远友好　海产品展

句段练习

1.今天下午多云转雨，请外出的朋友出门时带好雨具。

2.《北京晚报》说，两岁的小姑娘洋洋准备挑战自己，登上1 400多级台阶的中央电视塔。

3.郑州市民王女士最近按照儿子提供的考点去打探宾馆情况，挑来拣去，选择了一家比较上档次的宾馆。

4.由于郑州有关部门修改了中招报考志愿表，学生不敢报好学校，致使热点高中使尽招数留住尖子生，可报名数还是不足计划一半。

短文练习

小象欧利过生日（节选）②　鲍斯文

今天，小象欧利要过三岁生日，家里可热闹了。妈妈为她做了一个很

① 刑捍国.实用普通话水平测试与口才提高[M].广州：暨南大学出版社，2007：50.

② 鲍斯文.小象欧利找弟弟[M].王星，译.武汉：湖北美术出版社，2009：1.

漂亮的生日蛋糕，叔叔和姨妈们给她带来了好多好玩的玩具——其中还有欧利最喜欢的旱冰鞋。可是，欧利一点儿也不开心，她虽然很乖、很有礼貌地对大家说：

“谢谢你的礼物！”

“你能来我很高兴！”

“这个礼物太好了！”

但是，等客人们走后，欧利却小声地对妈妈说：“我最想要的礼物，是一个小弟弟。”

妈妈惊讶地看着她，摇了摇头说：“傻孩子，有谁会把自己的小宝宝送给你当作生日礼物啊？你不是有一个玩具娃娃吗？就把它当作你的小弟弟吧。”

欧利低头想了想，对妈妈说：“我倒是想试一试，也许真的会有人愿意送一个小弟弟给我呢。”

说完，欧利穿上旱冰鞋，满怀希望地溜了出去。

海上日出（节选） 巴金

在船上，为了看日出，我特地起了个大早。那时天还没有亮，周围是很寂静的，只有机器房的声音。

天空变成了浅蓝色，很浅很浅的；转眼间天边出现了一道红霞，慢慢儿扩大了它的范围，加强了它的光亮。我知道太阳要从那天际边升起来了，便目不转睛地望着那里。

果然，过了一会儿，在那里就出现了太阳的一小半，红是红的很，却没有光亮。这太阳像负着什么重担似的，慢慢儿，一步一步地，努力向上面升起来，到了最后，终于冲破了云霞，完全跳出了海面。那颜色真红得可爱。一刹那间，这深红的东西，忽然发出夺目的光亮，射得人眼睛发痛，同时附近的云也添了光彩。

◆ 去声变调规律

我们有时会听见一些住在北京城区或近郊的老人将“现在”说成“闲在”，“注意”说成“竹意”，把两去声连读时的前一个音节变成近似阳平 35 的调值，这不能算是普通话去声音变的正确规律,而应视为北京话的内部方言歧异。①

严格地讲,普通话去声和阴平、阳平一样,并不存在明显的连读变调现象。

1.去声不变调——去声音节单念,或在非去声音节前保持不变,仍读原调。

自发 做法 会谈 占领 召集 召开 照明 治疗

治安 正规 振兴 这些 镇压 重点 自豪 自从

2.去声+去声的连读变调——在去声音节前由全降调 51 变为半降调 53(或 42)。

亮剑 患难 过去 速递 障碍 命脉 赞颂 毅力

电视 记录 辩论 大雁 快乐 跳跃 电线 变换

◆ 去声变调综合练习

句段练习

循序渐进,循序渐进,任何事物的发展都需要一个过程,不明白循序渐进的道理一定会心浮气躁、急功近利地去做事。

诗词练习

寻隐者不遇 〔唐〕贾岛

松下问童子,言师采药去。
只在此山中,云深不知处。

醉花阴 〔宋〕李清照

薄雾浓云愁永昼,瑞脑消金兽。
佳节又重阳,玉枕纱橱,半夜凉初透。
东篱把酒黄昏后,有暗香盈袖。
莫道不消魂,帘卷西风,人比黄花瘦。

① 林焘,王理嘉.语音学教程[M].北京:北京大学出版社,1992:162.

◆ “一”“不”的变调规律

“一”的原调是阴平，“不”的原调是去声。通常在三种情况下“一”和“不”应读原调：单念、出现在词句末尾时和表示序数的时候。比如，“一、第一、始终如一、不、绝不”等。

“一”和“不”的音变规律大体相同，主要有以下几点：

1.在去声前变为阳平 35。

一心一意　一草一木　一模一样　一粥一饭

一窍不通　一年一度　不伦不类　不卑不亢

不折不扣　不见不散　不可一世

一蓑一笠一渔舟，一个渔翁一钓钩。

一拍一呼还一笑，一人独占一江秋。

2.在非去声（阴平、阳平和上声）前，“一”变读为去声，“不”保持不变，仍读去声。

一五一十　一毛不拔　一张一弛　一起一落

不依不饶　不知不觉　不拘一格　不管不顾

一帆一桨一叶舟，一个渔翁一钓钩。

一俯一仰一顿笑，一江明月一江秋。

3.夹在词语中间读轻声。

看一看　想一想　听一听　跑一跑　走一走

拉一拉　整一整　好不好　走不动　差不多

冷不丁　吃不消　大不了　过不去

不怕不会

不怕不会，就怕不学，

一回不会，再来一回。

绝不后悔，直到学会。

大小多少要记牢

一个大，一个小，一件衣服一顶帽。
一边多，一边少，一打铅笔一把刀。
一个大，一个小，一个西瓜一颗枣。
一边多，一边少，一盒饼干一块糕。
一个大，一个小，一头肥猪一只猫。
一边多，一边少，一群大雁一只鸟。
一边唱，一边跳，大小多少要记牢。

◆ “一”“不”变调综合练习

句段练习

1.不用着急，李强等不到结果是不会走的。

2.我想找一个两全的办法，找不出；我想拆散一家人，分成两路，各得其所，终不愿意。我决定委屈儿子，因为我伴同他的时日还长。

3.她一进门，所有人都无法将目光从她身上挪开，她穿了一件绿色花呢短大衣，腰间系了一条秋季最新款的皮带，衬得她身形窈窕，异常美丽。

4.母亲本不愿出来的。她老了，身体不好，走远一点就觉得累。我说，正因为如此，才应该多走走。母亲信服地点点头，便去拿外套。她现在很听我的话，就像我小时候很听她的话一样。

短文练习

城南旧事代序（节选）[1] 林海音

其实那个唱话匣子的看见我跑进家去，当然就会在门口等着，不得到结果，他是不会走掉的。讲价钱的时候，门口围上一群街坊的小孩和老妈子。讲好价钱进来，围着的人就会挺挺蹭蹭地跟进来，北京话叫作“听蹭儿”。我有时大大方方地

---

① 吴弘毅. 实用播音教程：第一册普通话语音和播音发声[M]，北京：北京广播学院出版社，2002：100.

全让他们进来;有时讨厌哪一个便推他出去,把大门砰地一关,好不威风!

我这一辈子(节选)[1] 老舍

火团远落,遇到可以燃烧的东西,整个的再点起一把新火,新烟掩住旧火,一时变为黑暗;新火冲出了黑烟,与旧火联成一气,处处是火舌、火柱,飞舞,吐动,摇摆,癫狂。忽然哗啦一声,一架房倒下去,火星、焦炭、尘土、白烟,一齐飞扬,火苗压在下面,一齐在底下往横里吐射,像千百条探头吐舌的火蛇。

◆ 重叠形容词的变调规律

我们在日常生活中,经常会使用一些单音节或双音节重叠的形容词,使语言更加形象和生动。这些形容词有的不发生音变,有的则会发生音变。

1. 单音节形容词重叠的变调规律:

(1)AA 式(或称 A2 式)形容词如果儿化,第二个音节要读成阴平 55。如[2]:

好好儿(hǎo hāor)　早早儿(zǎo zāor)

快快儿(kuài kuāir)

(2)ABB 式形容词发生音变时,叠音部分变读为阴平 55。如:

懒洋洋(lǎn yāng yāng)　红彤彤(hóng tōng tōng)

以上这两类单音节形容词也可不变调,只读原调。比如:

好好儿(hǎo hǎor)　早早儿(zǎo zǎor)

金灿灿(jīn càn càn)　白皑皑(bái ái ái)

乐陶陶(lè táo táo)　红艳艳(hóng yàn yàn)

2. 双音节形容词重叠的变调规律:

双音节形容词的重叠方式有两类:一类是状态形容词的重叠,如"雪白""通红"的重叠形式为 ABAB,读成"雪白雪白"和"通红通红",不用变调;而性质形容词,如"奇怪""高兴"的重叠形式为 AABB,即"奇奇怪怪"和"高高兴兴"。

AABB 的重叠一般有三种情况:

---

① 吴弘毅. 实用播音教程:第一册普通话语音和播音发声[M],北京:北京广播学院出版社,2002:98.

② 姚喜双.普通话口语教程[M].北京:高等教育出版社,2009:102.

(1)不发生音变,读原调。如:

轰轰烈烈(hōng hōng liè liè)

堂堂正正(táng táng zhèng zhèng)

沸沸扬扬(fèi fèi yáng yáng)

呜呜咽咽(wū wū yè yè)

(2)为了显示生动而发生变调,产生变调的A1A2B1B2式的形容词一般将A2变读成轻声,B1B2读成阴平55,有时为了进一步强化效果,B2还发生儿化音变。比如:

断断续续(duàn duan xū xū)

整整齐齐(zhěng zheng qī qī)

亮亮堂堂(liàng liang tāng tāng)

热热闹闹(rè re nāo nāo)

漂漂亮亮儿(piào piao liāng liāngr)

老老实实儿(lǎo lao shī shīr)

(3)有一些表示消极意义的A里AB式重叠形容词,比如"糊涂"重叠为A里AB式说成"糊里糊涂",这类重叠式的形容词,"里"读成轻声,B可读成阴平55。比如:

慌里慌张(huāng li huāng zhāng)

俗里俗气(sú li sú qī)

另外,可以多听侯宝林、姜昆、郭德纲等人的相声作品,通过模仿,找到重叠形容词的表达语感。

◆ 重叠形容词变调综合练习

词语练习

慢腾腾　黑洞洞　静悄悄　汗淋淋　亮堂堂　火辣辣

金晃晃　灰蒙蒙　沉甸甸　乱蓬蓬　孤零零　黑乎乎

长长儿　平平儿　暖暖儿　薄薄儿　满满儿　小小儿

怪里怪气　慌里慌张　邋里邋遢　古里古怪　娇里娇气

马马虎虎　哭哭啼啼　沸沸扬扬　密密麻麻　清清楚楚

句段练习

1. 这地方的火烧云变化极多，一会儿红彤彤的，一会儿金灿灿的，一会儿半紫半黄，一会儿半灰半百合色。

2. 过新年了，小朋友们都穿上了漂漂亮亮的新衣服，看上去真喜兴！

3. 在这幽美的夜色中，我踏着软绵绵的沙滩，沿着海边，慢慢地向前走。

4. 公园里到处都是享受十一长假的人，有的舒舒服服地躺在草地上享受暖暖儿的阳光，有的懒洋洋地散着步，有的在树林里慢腾腾地打着太极拳……

5. 小迪比看见老师走进教室，大大方方地迎上前去，高高兴兴地说道："老师好！我是迪比。"教室里顿时响起一片热烈的掌声。

诗词练习

声声慢　〔宋〕李清照

寻寻觅觅，冷冷清清，凄凄惨惨戚戚。乍暖还寒时候，最难将息。三杯两盏淡酒，怎敌他，晚来风急！雁过也，正伤心，却是旧时相识。

满地黄花堆积，憔悴损，如今有谁堪摘！守着窗儿，独自怎生得黑！梧桐更兼细雨，到黄昏、点点滴滴。这次第，怎一个愁字了得！

短文练习

春（节选）　朱自清

盼望着，盼望着，东风来了，春天的脚步近了。

一切都像刚睡醒的样子，欣欣然张开了眼。山朗润起来了，水涨起来了，太阳的脸红起来了。

小草偷偷地从土里钻出来，嫩嫩的，绿绿的。园子里，田野里，瞧去，一大片一大片满是的。坐着，躺着，打两个滚，踢几脚球，赛几趟跑，捉几回迷藏。风轻悄悄的，草软绵绵的。

骆驼祥子(节选) 老舍

远处有了炮声,很远,但清清楚楚的是炮声。他不敢动,可是马上营里乱起来。他闭住气,机会到了!他准知道,兵们又得退却,而且一定是往山中去。这些日子的经验使他知道,这些兵的打仗方法和困在屋中的蜜蜂一样,只会到处乱撞。有了炮声,兵们一定得跑;那么,他自己也该精神着点了。他慢慢地,闭着气,在地上爬,目的是在找那几匹骆驼。

语气词“啊”的音变规律

音变规律

如果“啊”作为叹词用在句前,仍发“a”的音;如果作为语气助词用在句尾,会受前面音节收尾音素的影响而发生不同音变。

语气词“啊”的变调规律有以下四点:

1. 前一音节末尾音素是 a、o、e、ê、i、ü(ao 和 iao 除外)时,“啊”读作“ya”,汉字也可以写成“呀”。比如:

他长大了呀!

您坐哪趟车呀?

我渴了,你倒是先给我弄碗水喝呀!

2. 前一音节末尾音素是 u、ao 和 iao 时,“啊”读作“wa”,汉字也可写成“哇”。比如:

咱们马上就迟到了,快走哇!

你嗓门儿这么大,谁受得了哇!

现在兵荒马乱的,谁敢走哇!

3. 前一音节收尾音素是 n 时,“啊”读作“na”,汉字可写成“哪”。比如:

你没看出来她是个日本人哪!

这道题又做错了,你好好找一找原因哪!

又把责任推到我头上,我可真冤哪!

4. 前一音节收尾音素是 ng、-i(前)和-i(后)时,读作“nga、za、ra”,儿韵和儿化韵后面也念“ra”,书面上都写成“啊”。比如:

图书馆已经开了,你去了几次啊?

他什么话也听不进,这算什么事啊!

你别这么凶啊! 会吓着孩子的。

小王,要想开点儿啊! 你要病了,又出不了海了。

语气词“啊”的变调规律可总结为表 6-1:

表 6-1 “啊”的变调规律

“啊”前的韵母	“啊”前一音节末尾音素	“啊”的音变	汉字写法	举例
a ia ua o uo e ie üe	a o e ê	ya	呀或啊	好大的雪呀! 是他呀!
i ai uai ei ü	i ü	ya	呀或啊	对呀! 真绿呀!
u ou iou ao iao	u ao iao	wa	哇或啊	真热闹哇!
an ian uan üan en in uen ün	n	na	哪或啊	小心哪! 开门哪!
ang iang uang eng ing ueng ong iong	ng	nga	啊	行不行啊! 真安静啊! 长城长啊!
舌尖韵母-i	-i(前)	za	啊	谁写的字啊?
	-i(后)	ra	啊	是啊! 什么事啊?
er	儿韵和儿化	ra	啊	多美的花儿啊! 是第二啊!

◆ 综合练习

句段练习

1.王亮的演讲很精彩啊!

2.这又丑又怪的石头,原来是天上掉下来的啊!

3 .大约潭是很深的,故能蕴蓄着这样奇异的绿;仿佛蔚蓝的天融了一块在里面似的,这才这般的鲜润啊。

4.是啊,我们有自己的祖国,小鸟也有它的归宿,人和动物一样啊,哪儿也不如故乡好!

5.你看,多美的百合花儿啊!

6.清晨,当第一束阳光射进舷窗时,小百灵便敞开美丽的歌喉,唱啊唱,嘤嘤有韵,宛如春水淙淙。

7.在我们人类看来,恐龙真是庞大的怪物啊。

8.别痴心妄想啊,她早就拿下那个企划案了。

9.小张,你别没事找事啊,我已经写完作业了,你自己写吧。

绕口令练习

啪、啪、啪! 谁啊? 张果老啊!

怎么不进来啊? 怕狗咬啊!

衣兜里兜着什么啊? 大酸枣啊!

怎么不吃啊? 怕牙倒啊!

胳肢窝里夹着什么啊? 破棉袄啊!

怎么不穿上啊? 怕虱子咬啊!

怎么不叫你老伴儿挠挠啊? 老伴儿跑了。

怎么不哭啊? 老伴儿老伴儿,你在哪儿啊!

对话练习[①]

甲：请问，到图书馆怎么走啊？

乙：咳！原来是你啊！我也正想去图书馆呢，一块儿走吧。

甲：好啊，那儿怎么那么多人啊！

乙：买书的呗。什么诗歌、小说啊、报告文学啊，全有！

甲：那么多书啊，那咱们也去看看吧。

乙：行！快跑啊！

诗歌练习

波浪（节选）[②] 蔡其矫

永无止息的运动，
应是大自然有形的呼吸，
一切都因你而生动，
波浪啊！
没有你，天空和大海多么单调，
没有你，海上的道路就可怕的寂寞；
你是航海者最亲密的伙伴，
波浪啊！

短文练习

家乡的桥（节选） 郑莹

三十多年过去，我带着满头霜花回到故乡，第一紧要的便是去看望小桥。

啊！小桥呢？它躲起来了？河中一道长虹，浴着朝霞熠熠闪光。哦，雄浑的大桥敞开胸怀，汽车的呼啸、摩托的笛音、自行车的叮铃，合奏着进行交响乐；南来的

---

① 姚喜双.普通话口语教程［M］.北京：高等教育出版社，2009：111.

② 蔡其矫.波浪［M］//北岛.给孩子的诗［M］.北京：中信出版社，2014：123.

钢筋、花布，北往的柑橘、家禽，绘出交流欢跃图……

啊！蜕变的桥，传递了家乡进步的消息，透露了家乡富裕的声音。时代的春风，美好的追求，我蓦地记起儿时唱给小桥的歌。哦，明艳艳的太阳照耀了，芳香的甜蜜的花果捧起来了，五彩斑斓的岁月拉开了！

我心中涌动的河水，激荡起甜美的浪花。我仰望一碧蓝天，心底轻声呼喊：家乡的桥啊，我梦中的桥！

（选自《普通话水平测试实施纲要》作品 18 号）

图 6-1 桥

普通话的轻声

我们知道，普通话的声调有四种：阴平、阳平、上声、去声。但是，如果你稍加留意，就会发现我们平时说话时，语流中每个音节的响亮程度、发音的时值（即音长）是不同的。有的音节听起来更响亮一些、重一些，或者长一些，有的听起来比较微弱，比较短促，从而失去原来的声调，变成一种短而轻的调子。这种短而轻的调子就是轻声。

一般来讲，普通话轻声的高低升降取决于前一个音节的调值，阴平、阳平音节后面的轻声字调偏低，去声音节后的轻声最低。用五度标记法表示，大致情况如下：

◈ 阴平后面的轻声读半低调（2 度），如：他们。

◈ 阳平后面的轻声读中调（3 度），如：橘子、石头、葡萄。

◈ 上声后面的轻声读半高调（4 度），如：好的、里头、你们。

◈ 去声后面的轻声读低调（1 度），如：对呀、木头、豆腐。

轻声的作用

1.区分词义和词性。比如：

今晚电影频道要播《地道战》。

地道 dì dào，指“地下坑道”（名词）。

这家馆子的鲁菜做得真地道。

地道 dì dao，指“真正的”（形容词）。

这首秘鲁民歌的大意是……

大意 dà yì，指“主要内容”（名词）。

这回你可别大意了。

大意 dà yi，指“粗心”（形容词）。

2.增强语言的节奏感和流畅感，使语气的变化更为丰富、细致。比如，朱自清《荷塘月色》的节选。你可以先标出轻声音节，然后通过朗读来感受语气和节奏的变化。

曲曲折折的荷塘上面，弥望的是田田的叶子，叶子出水很高，像亭亭的舞女的裙，层层的叶子中间，零星地点缀着些白花，有袅娜地开着的，有羞涩地打着朵儿的；正如一粒粒的明珠，又如碧天里的星星，微风过处，送来缕缕清香，仿佛远处高楼上渺茫的歌声似的。这时候叶子与花也有一丝颤动，像闪电般，霎时传过荷塘的那边去了。叶子本是肩并肩密密地挨着，这便宛如有了一道凝碧的波痕。叶子底下是脉脉的流水，遮住了，不能见一些颜色；而叶子却更见风致了。

◆ 轻声音节出现的规律

1.语法轻声词出现的规律：

（1）助词。

语气助词“啊、吧、呢、吗、呀、哇、嘛”等。比如：

“前面有帐篷啦！”有人这么喊，就像在海上发现灯塔那么高兴。

华山上的小道好险啊！

我们这样安排可以吗？

动态助词“着、了、过、地、得”等。比如，老舍的短篇小说《我这一辈子》节选：

我这一辈子只看见了这么一回大热闹：男女老幼喊着叫着，狂跑着，拥挤着，争吵着，砸门的砸门，喊叫的喊叫，咔嚓！门板倒下去，一窝蜂似的跑进去，乱挤乱抓，压倒在地的狂号，身体利落的往柜台上蹿，全红着眼，全拼着命，全奋勇前进，挤成一团，倒成一片，散走全街。背着、抱着、扛着、拽着，像一片战胜的蚂蚁，昂首疾走，去而复归，呼妻唤子，前呼后应。

结构助词“的、地、得”等。比如:小的、轻轻地、说得好等。

(2)名词、代词的后缀:子、头、巴、们、么等。比如:燕子、石头、泥巴、我们、那么等。

那个小伙子长得真精神!

这头牛个儿大,膘肥,四条腿像木头柱子一样。

一些实词性语素不是后缀,不能读轻声。比如:

古代哲学家:庄子、老子、荀子、墨子、孔子等。

物理学名词:原子、电子、粒子、中子等。

习惯用语:好男儿、体育健儿、钻头、磁头、尽头、烟头、锅巴等。

(3)名词、代词后面的方位词:上、下、里、面、边等。比如:墙上、地下、这边、里面、上面等。

但在满纸红点的世界地图上,中国领域里还有两个红点。

我仔细一看,在大盒子里面还装着一个不起眼的小盒子。

“国内、省外、校内、门外”等词中的“内、外”习惯上不读轻声。

(4)动词、形容词后面的趋向动词:来、去、起来、下去等。比如:放下、拿来、出去、站起来、听起来、跑下去等。

老李掸了掸身上的土,从容地站了起来。

你快下去!这车马上就要烧起来了。

(5)叠音词和动词、名词重叠形式的后一个音节。比如:走走、说说、看看、妈妈、姐姐、大猩猩、蝈蝈等。

青线线那个蓝线线,蓝格荧荧彩,生下一个兰花花,实实的爱死个人!

李姐总是这么客客气气的。

(6)某些量词:个、头、条等。比如:三个人、五条毛巾、两头猪等。

星期三赶集时,王麻子赶着三头小牛也来了,大家都好奇地围了上来。

你的都旧了,给你换一条新毛巾吧。

(7)夹在形容词或动词中间的“一”和“不”。比如:去不去、讲不清、练一练、大不大、想一想等。

他不敲门,径自走到窗前伸手拿起窗台上放着的一只闹钟,扬长而去……这不算偷,不算抢,只是不告而取,而且取后未还。

快来试一下，看看我织的毛衣合不合适？

2. 词汇轻声词出现的规律：

这类轻声词常常出现在口语中，一般没有规律可循，只是习惯上的要求。通常这类词语的后一个音节读轻声，而在书面语中也可以不读成轻声。比如①：

比方　凑合　耽搁　队伍　告示　胳膊　合同　见识

扎实　舒服　清楚　眉毛　官司　姑娘　编辑　牡丹

应付　招呼　稀罕　便宜　客气　动静　干部　行李

风筝　规矩　阔气　朋友　哆嗦　性子　马虎　刺猬

犹豫　扫帚　意思　打听　冬瓜　蘑菇　惦记　老婆

3.必读轻声词：

普通话里有很多个双音节词习惯上要念成轻声，并且一部分轻声词语不起区别意义的作用。

如何攻克普通话学习中遇到的“轻声”难题呢？

最有效的方法就是对照《普通话水平测试实施纲要》中的“普通话水平测试必读轻声词语表”②，跟着光盘反复练习，直至脱口而出、准确无误。

◆ 综合练习

句段练习

1. 他一面很有滋味地咂吮着开水，一面指着那堆土坯子说：“草原上的事难说，这趟是布帐篷，你瞧吧，下趟这儿就许盖起大房子来啦！”

2. 走上楼梯口，由一堆稻草垛里闪出一个满面红光的小伙子，穿着一身崭新如纸糊的长袿，微笑地迎接我们。

3. 小狐狸的姑妈对小狐狸说：“只要你去看人家，就要给人家带点小礼物，这是规矩。”

4. 歌德曾经说过，人只要奋斗就会犯错误。

① 姚喜双.普通话口语教程[M].北京：高等教育出版社，2009：106.

② 国家语言文字工作委员会普通话培训测试中心.普通话水平测试实施纲要[M].北京：商务印书馆，2004：238.

5. 祥子在十七那天拉上了一个大买卖，他觉出点以前未曾有过的毛病，腿肚子发紧，胯骨轴儿发酸。他晓得自己的病源在哪里，可是为了安慰自己，他以为多跑几趟就没事儿了。

6. 不一会儿，我们就在海边捡了满满一口袋的小贝壳儿和小海螺儿。

7.假日到河滩上转转，看见许多孩子在放风筝。一根长长的引线，一头系在天上，一头系在地上，孩子同风筝都在天与地之间悠荡，连心也被悠荡得恍恍惚惚了，好像又回到了童年。

对话练习

对话一：买火车票

甲：你好！我想买一张去天津的。

乙：您想什么时候走？

甲：后天，最好是 18 次特快。没有的话，大后天的也行。

乙：对不起，先生，那两天的票都卖完了。

甲：票这么紧张啊！哦，那我就坐 45 次普快吧。这票不会也没了吧？

乙：您别着急！这票还有，票价是 105 元。

甲：好的，给你钱。谢谢！

乙：这是您的车票，请核对一下。

对话二：医院看病①

甲：请坐！你哪儿不舒服啊？

乙：我肚子疼得厉害，总想吐，特难受！

甲：来，给你量一下体温。这样不舒服多久了？

乙：大约从昨晚十点起，刚开始觉得是胃疼，但后来转到这儿疼了，就在这儿。

甲：算右下腹部。觉得是持续性的疼痛吗？

乙：不是，疼一阵又好一阵。刚才简直要疼死我了，现在好多了。

甲：拉肚子吗？

乙：没有，我已经两天没上厕所了。最近的饮食没什么异常啊。

① 刑捍国.实用普通话水平测试与口才提高[M].北京：暨南大学出版社，2007：187.

甲：好，请你躺下，我检查一下，这儿疼吗？

乙：疼，好疼啊！

甲：你得了阑尾炎。

乙：需要手术吗？

甲：是的，不过是个小手术，一周左右就会好的。我把你开到外科住院治疗吧，好吗？

乙：谢谢您！大夫。

短文练习

合欢树（节选）[①] 史铁生

十岁那年，我在一次作文比赛中得了第一。母亲那时候还年轻，急着跟我说她自己，说她小时候的作文作得还要好，老师甚至不相信那么好的文章会是她写的。"老师找到家来问，是不是家里的大人帮了忙。我那时可能还不到十岁呢。"我听得扫兴，故意笑："可能？什么叫可能还不到？"她就解释。我装作根本不再注意她的话，对着墙打乒乓球，把她气得够呛。不过我承认她聪明，承认她是世界上长得最好看的女的。她正给自己做一条蓝底白花的裙子。

二十岁，我的两条腿残废了。除去给人家画彩蛋，我想我还应该再干点儿别的事，先后改变了几次主意，最后想学写作。母亲那时已不年轻，为了我的腿，她头上有了白发。医院已经明确表示，我的病目前没有办法治。母亲的全副心思却还放在给我治病上，到处找大夫，打听偏方，花很多钱。她倒总能找来些稀奇古怪的药，让我吃，让我喝，或者洗、敷、熏、灸。

父亲的爱（节选） 艾尔玛·邦贝克

爸不懂得怎样表达爱，使我们一家人融洽相处的是我妈。他只是每天上班下班，而妈则把我们做过的错事开列清单，然后由他来责骂我们。

有一次我偷了一块糖果，他要我把它送回去，告诉卖糖的说是我偷来的，说我

---

① 史铁生．向死而生[M]．南京：江苏凤凰文艺出版社，2016：13.

愿意替他拆箱卸货作为赔偿,但妈妈却明白我只是个孩子。

我在运动场打秋千跌断了腿,在前往医院途中一直抱着我的,是我妈。爸把汽车停在急诊室门口,他们叫他驶开,说那车位是留给紧急车辆停放的。爸听了便叫嚷道:"你以为这是什么车?旅游车?"

在我生日会上,爸总是显得有些不大相称。他只是忙于吹气球,布置餐桌,做杂务。把插着蜡烛的蛋糕推过来让我吹的,是我妈。

我翻阅照相册时,人们总是问:"你爸是什么样子的?"天晓得!他老是忙着替别人拍照。妈和我笑容可掬地一起拍的照片,多得不可胜数。

我记得妈有一次叫他教我骑自行车。我叫他别放手,但他却说是应该放手的时候了。我摔倒之后,妈跑过来扶我,爸却挥手要她走开。我当时生气极了,决心要给他点儿颜色看。于是我马上爬上自行车,而且自己骑给他看。他只是微笑。

我念大学时,所有的家信都是妈写的。他//除了寄支票外,还寄过一封短柬给我,说因为我不在草坪上踢足球了,所以他的草坪长得很美。

每次我打电话回家,他似乎都想跟我说话,但结果总是说:"我叫你妈来接。"

我结婚时,掉眼泪的是我妈。他只是大声擤了一下鼻子,便走出房间。

我从小到大都听他说:"你到哪里去?什么时候回家?汽车有没有汽油?不,不准去。"爸完全不知道怎样表达爱。除非……

会不会是他已经表达了,而我却未能察觉?

(《普通话水平测试实施纲要》作品 10 号)

普通话词语的轻重格式

普通话的轻重格式,是对"轻声"部分的补充与完善。

对轻重格式的掌握,可以帮助我们进一步将语流中的词语说得清楚自然、熟练轻巧。

当然,普通话词语的轻重格式只是一种约定俗成,不是绝对的,也不是恒定不变的,它常常受到语句目的和语境的制约,所以原来的轻重格式往往会被打破,发生变化,这是正常的、必然的。

◆ 什么是词的轻重格式？

“在汉语普通话与各方言中，一句话里双音节词或多音节词中的每个音节都有轻重强弱的不同。造成这种变化的原因，除了音节与音节之间声调的区别外，还因为构成一句话的词或词组的每个音节，在音量上不均衡，也就是说，双音节或多音节词的各个音节有着约定俗成的轻重强弱差别，这就是词的轻重格式。”①

我们将短而弱的音节称为轻，长而强的音节称为重，介于二者之间的称为中。为了表述上的方便，我们将两个音节组成的词称为双音节词语，三个或三个以上音节组成的词称为多音节词语。

◆ 双音节词语的轻重格式与发音练习

在普通话中，双音节词语的轻重格式有三种，其中中重格式最多，即第二个音节念得相对较重、较长一些。

1. 中重格式词语发音练习：

日常 假如 飞沙 安心 零钱 磁场 提高 绿洲 经营
麦浪 大洋 把关 打倒 更衣 关心 埋头 小桥 比武
轻视 果断 悔过 史诗

2. 重中格式词语发音练习：

经验 美好 传统 凄凉 春天 视觉 情感 惰性 人类
记者 听觉 观感 现象 西式 工人 界限 价值 规律
恬静 况且 颜色 风气

3. 重轻格式词语发音练习：

清楚 唠叨 力气 痛快 喉咙 荤腥 耳朵 爸爸 他们
妹妹 萝卜 说说 行李 棉花 灯笼 石头 木头 豆腐

在日常经验里，视觉、听觉、触觉、嗅觉往往可以彼此打通或交通，眼、耳、舌、鼻、身各个官能的领域可以不分界限。颜色似乎会有温度，声音似乎会有形象，冷

---

① 吴弘毅.实用播音教程：第一册普通话语音和播音发声[M].北京：北京广播学院出版社，2002：107.

暖似乎会有重量，气味似乎会有体质。诸如此类，在普通语言里经常出现。

（节选自钱钟书《七缀集》）

扁都沟走完，我们的视界立刻从祁连山中解放出来，丰沃平广的张掖盆地，披上无边的雪锦，村落、树木、溪流、牲畜、行人、炊烟……一一地进入我们的眼底，我们立刻感到人类社会的再临，我们出了扁都口才算到了自己的"家乡"，穷荒绝地的祁连山里，真有把人退回到千年前的凄凉。

（节选自范长江《中国的西北角》）

此地为临渠之西式小亭，内部陈设亦多西式，整齐、清洁、高朗、恬静，四望渠光树影，微风洗面，一日所受之闷热，至此一扫而空……一清早骑马，穿过树林、村落、渠道、小桥，初绿的田野，迎面有清香的微风，头上有拂尘的杨柳，全身清逸，意态飘然。

（节选自范长江《中国的西北角》）

◆ 三音节词语的轻重格式与发音练习

1. 中中重格式词语发音练习：

播音员 常委会 流水线 理解力 交际舞 白兰地 天安门

展览馆 唯物论 建筑物 抗生素 判决书 研究所 河北省

芭蕾舞 巧克力 贫困线 五一节

2. 中重轻格式词语发音练习：

过日子 卖关子 搭架子 两口子 洋鬼子 打摆子 硬骨头

山核桃 小姑娘 拉关系 胡萝卜 好意思 明摆着 牛脾气

老头子 撑门面 半拉子 摆架子

3. 中轻重格式词语发音练习：

保不齐 对不起 动不动 大不了 吃不消 生意经 冷不防

数得着 备不住 过不去 小不点儿

◆ 四音节词语的轻重格式与发音练习

1. 中重中重格式词语发音练习：

大部分具有联合关系的四字格式成语，以及少量其他结构关系的四字词要读成中重中重格式。比如：

丰衣足食 心平气和 无独有偶 五光十色 龙飞凤舞

心猿意马 根深蒂固 独断专行 鹤发童颜 年富力强

翻江倒海 天灾人祸

2. 中轻中重格式词语发音练习：

大部分四音节的专用名词、叠音形容词和象声词要读成中轻中重格式。其中，四音节专用名词的第二个音节只比第一音节稍轻，不可失去原声调。

奥林匹克 南京大学 化学工业 巴黎公社 慢慢腾腾

整整齐齐 高高兴兴 模模糊糊 大大方方 和和美美

嘻嘻哈哈 稀里哗啦

3. 重中中重格式词语发音练习：

大部分具有修饰与被修饰、陈述与被陈述、支配与被支配的四字成语，以及一三格式组成的成语，都要读成重中中重格式。

惨不忍睹 义不容辞 敬而远之 诸如此类

心如刀割 美不胜收 相形之下 一扫而空

◆ 多音节词语轻重格式句段练习

就让生命顺其自然，水到渠成吧，犹如窗前的乌桕，自生自落之间，自有一份圆融丰满的喜悦。春雨轻轻落着，没有诗，没有酒，有的只是一分相知相属的自在自得。

（节选自杏林子《朋友和其他》）

在闽西南苍苍茫茫的崇山峻岭之中，点缀着数以千计的圆形土楼，充满神奇的山寨气息。这就是被誉为“世界民居奇葩”、世界上独一无二的神话般的山区建筑模式的客家人民居。

（节选自张宇生《世界民居奇葩》）

范仲淹写《岳阳楼记》是九月十五日，正是秋高气爽的好天气。秋空明净，可让他想想天下；秋风萧瑟，又吹起了他心底的几分悲壮。即使不看文后日期，我也能约略推知，这是秋天的辞章……范仲淹设想过淫雨霏霏的洞庭湖和春和景明的洞庭湖，但那也是秋天的设想。

（节选自余秋雨《洞庭一角》）

普通话的儿化

说到普通话里的儿化现象，你第一个反应可能就是：哦，我是从南方来的，在我们家乡话里从来就没有什么“今儿、明儿、小孩儿”这类的儿化音，根本不知道怎么发，所以对我来说，发儿化音太难了！

好，请放松，先别着急。有一个问题你可能没想到，其实汉语的许多方言里都有儿化音，绝大多数儿化也是语尾“儿”和前面音节合音而成，并非只有北京话和普通话里才有儿化音。西南地区如四川、重庆、贵州和云南等地，常用叠音的方法表示小称，有的同时儿化，也有的不儿化。例如，重庆方言中的儿化①：

“小刀”说成“刀刀儿”，其中的“刀儿”读[tər]。

“小盖子”说成“盖盖儿”，其中的“盖儿”读[kər]。

“小网”说成“网网儿”，其中的“网儿”读[wɑr]。

“小杯儿”说成“杯杯儿”，其中的“杯儿”读[pɜr]。

又比如，一些吴方言区如江苏、浙江等地的人将“儿”读成前鼻音[n]或后鼻音[ŋ]等，也同样可以产生儿化音变。比如浙江义乌方言中的儿化②：

“花”儿化后读成“花儿”[huaːn]。

“桶”儿化后读成“（小水）桶儿”[doːn]。

“狗”儿化后读成“（小）狗儿”[kəːn]。

① 林焘，王理嘉.语音学教程[M]北京：北京大学出版社，1992：168.

② 林焘，王理嘉.语音学教程[M]北京：北京大学出版社，1992：168.

相比较而言，北京话口语当中的儿化音比较多，普通话吸收了北京话的儿化音变现象，不过可以儿化的词却少得多。毕竟，说话时儿化音过多，容易含混不清，另外对其他方言区学说普通话的人也是个不小的负担。

◆ 儿化的基本概念

儿化，也称儿化韵，是普通话和某些汉语方言中的一种特殊的音变现象，即后缀“儿”字不自成音节，而同前面的音节合在一起，使前一音节的韵母成为卷舌韵母，虽然写成两个汉字，实际上已经读成一个音节。“儿”只表示前面音节的韵母加上卷舌动作，本身不再独立发音。例如“点儿”不是发成两个音节 diǎn er，而是发成一个音节 diǎr。①

◆ 儿化的作用

在普通话里，“儿化”起着修辞和表示语法功能的积极作用，可以区别词性和词义，还可以表示感情色彩。

具体来讲，其作用有以下四点：

1.区分词性和词义。有些词儿化与不儿化，词性或词义会发生变化。比如：

活（形容词）—活儿（名词）　尖（形容词）—尖儿（名词）

画（动词）—画儿（名词）　盖（动词）—盖儿（名词）

头（脑袋）—头儿（领头的）

火星（行星）—火星儿（极小的火）

2. 表示“轻、小、少、细微”等含义。比如：

小孩儿（“大孩儿”一般不儿化，而说“大孩子”）

一丁点儿（表示量极小）

小事儿（表示事情不重要）

3. 表示亲切、喜爱，或者轻蔑、鄙视等多种感情色彩或语气。比如：

原来李强是一个小偷儿！（鄙视）

---

① 吴弘毅.实用播音教程：第一册普通话语音和播音发声［M］.北京：北京广播学院出版社，2002：94.

王爷爷是个慈祥的老头儿。(亲切的语气)

她那红扑扑的小脸蛋儿上还有两个小酒窝儿。(喜爱的感情)

路边飘来阵阵难闻的气味儿。(厌恶)

4. 可以使语言口语化,更富有生活气息,创造出轻松活泼的气氛。比如:

老者天天要过来看天赐两三次,若遇上天赐正睡觉,他更细细看他的闭成缝儿的眼,微张着的小嘴(儿),与一动一动的脑门(儿),而后自己无声地笑一阵。

(节选自老舍小说《牛天赐传》)

一个十六七岁的姑娘,活灵活现地站在我的眼前了。她疏眉细眼,故意眯缝(儿)着眼瞧我;小鼻子微微朝上翘着,薄薄的两片小嘴唇因为忍住笑而紧闭着,两颗小酒窝儿,在那又红又结实的腮上陷得很深;大概是攀树的时候把手抓疼了,两只胖胖的小手(儿)使劲地搓着——嘿,一副调皮、高傲的神气!

(节选自浩然小说《红枣林》)

◆ 儿化的音变规律

"普通话的韵母除自成音节的[ər]('儿、二、耳'等)以外,全部可以儿化。儿化的卷舌作用从韵腹开始,直到韵尾,韵头并不受影响。例如,'小刀儿' dāor[taor],'小狗儿' gǒur[kour]都是整个韵母儿化,而'小鸟儿' niǎor[niaor],'花儿' huār[xuar]的韵头[i][u]并不儿化。"[①]

儿化音变规律如下:

1. 韵腹或韵尾是 a、o、e、ê、u(包括 ao、iao 中的 o[u])的韵母,儿化时只在原韵母后增加卷舌动作。比如[②]:

a—ar:	打杂儿	号码儿	油渣儿
ia—iar:	掉价儿	豆芽儿	脚丫儿
ua—uar:	香瓜儿	雪花儿	牙刷儿
o—or:	酒窝儿	碎末儿	歪脖儿
uo—uor:	火锅儿	糖果儿	干活儿

① 林焘,王理嘉.语音学教程[M].北京:北京大学出版社,1992:169.

② 吴弘毅.实用播音教程:第一册普通话语音和播音发声[M].北京:中国传媒大学出版社,2002:94-96.

ao—aor：　口哨儿　草稿儿　小道儿

iao—iaor：　豆角儿　填表儿　线条儿

e—er：　打嗝儿　模特儿　挨个儿

u—ur：　爆肚儿　没谱儿　括弧儿

ou—our：　小偷儿　顺手儿　水沟儿

iou—iour：　棉球儿　蜗牛儿　踢球儿

2. 韵尾是 i 和 n 的韵母（in 和 ün 除外），儿化时失落韵尾，在主要元音上加卷舌动作。比如：

ai—ar：　小孩儿　锅盖儿　鞋带儿

ei—er：　宝贝儿　摸黑儿　刀背儿

an—ar：　名单儿　快板儿　心肝儿

ian—iar：　聊天儿　心眼儿　小辫儿

en—er：　树根儿　赔本儿　后门儿

uei—uer：　跑腿儿　小鬼儿　烟灰儿

uen—uer：　保准儿　条文儿　冰棍儿

uai（uan）—uar：　土块儿　门环儿　打转儿

üan—üar：　汤圆儿　眼圈儿　手绢儿

3. 韵尾为后鼻音韵母 ng 的，儿化时失落韵尾，韵腹变成鼻化元音，同时加卷舌动作。比如：

ang—ãr：　药方儿　帮忙儿　香肠儿

iang—ãr：　透亮儿　瓜秧儿　花样儿

uang—ãr：　橱窗儿　小床儿　眼光儿

eng—ẽr：　板凳儿　门缝儿　现成儿

ing—iẽr：　电影儿　暖瓶儿　山顶儿

ueng—uẽr：　小瓮儿　嗡嗡儿

ong—õr：　胡同儿　闲空儿　小葱儿

iong—iõr：　叫穷儿　小熊儿

4. 韵母为 i、ü 的，儿化时韵母不变，i、ü 为主要元音加 er。比如：

i—ier：　饭粒儿　眼皮儿　玩意儿

ü—üer：　　金鱼儿　小曲儿　毛驴儿

5. 韵母或韵尾为 ê，以及韵母为-i（前）、-i（后）的，儿化时去掉 ê、-i，主要元音变为央 e[ə]并卷舌。比如：

ie—ier：　　锅贴儿　树叶儿　台阶儿

üe—üer：　　皮靴儿　正月儿　空缺儿

-i（前）—ier：　　橙汁儿　歌词儿　夜市儿

6.韵母为 in、ün 的，儿化时失落韵尾，i、ü 为主要元音加卷舌动作。比如：

in—ier：　　够劲儿　送信儿　手心儿

ün—üer：　　花裙儿　合群儿　喜讯儿

◆ 儿化音变综合练习

词语练习

号码儿　冒牌儿　瓜秧儿　台阶儿　小偷儿　跑腿儿

喜讯儿　脚印儿　瓜子儿　空缺儿　毛驴儿　眼皮儿

手绢儿　秘方儿　眼光儿　现成儿　电影儿　小瓮儿

闲空儿　小熊儿　莲蓬儿　冰棍儿　竹竿儿　雪花儿

句段练习

1.院子里几个小孩儿推着小铁环儿高高兴兴地玩儿着，两个老头儿抽着烟卷儿在一边聊天儿。

2.出了胡同口儿往南走几步，就是井窝子，这里满地是水，有的地方结成薄薄的冰。

3. 你瞧这小哥俩儿的肩膀儿，以后准长成大个儿。

4.她早上都会到河边儿喊上两嗓儿，生怕时间一长，自己唱大鼓的本事就废了。

5. 你怎么这么不开窍儿啊！没看见人家已经给你备好了草料儿，赶紧喂你的小马儿去吧。

6. 听说这个药方儿可好用了，小何刚喝了两包儿就没事儿了，你一定得试试。

7. 我这两天眼皮儿总跳，心慌得厉害，该不是工地又出事儿了吧？

8. 张婶儿，您就别忙乎了，快坐到小凳儿上歇歇吧，这么多面鱼儿晚上够大伙儿吃了。

9. 台阶儿上坐着几个七八岁的小男孩儿，正热闹地吃着瓜子儿，磕了满地的瓜子儿皮儿。

10. 小雨用细铁丝儿编了一个漂亮的小篮儿，送给妈妈装鸡蛋用。

绕口令练习

小兰儿上庙台儿

有个小孩儿叫小兰儿，
挑着水桶上庙台儿，
摔了一个跟头捡了一个钱儿。
又打醋，又买盐儿，
还买了一个小饭碗儿。
小饭碗儿，真好玩儿，
没有边儿，没有沿儿，
中间有个小红点儿。

老婆儿和老头儿

东直门儿有个老婆儿拿棍儿赶小鸡儿，
西直门儿有个老头儿骑驴儿唱小曲儿。
老头儿上山砍木头，
砍了这头儿砍那头儿。
对面来个小丫头儿，
给老头儿送来一盒小馒头儿，
没留神儿撞上一块儿大木头，
栽了一个小跟头儿。

台词练习

茶馆(节选) 老舍

李　三:改良!改良!越改越凉,冰凉!

王淑芬:也不能那么说!三爷你看,听说西直门的德泰,北新桥的广泰,鼓楼前的天泰,这些大茶馆全先后脚儿关了门!只有咱们裕泰还开着,为什么?不是因为栓子的爸爸懂得改良吗?

李　三:哼!皇上没啦,总算大改良吧?可是改来改去,袁世凯还是要做皇上。袁世凯死后,天下大乱,今儿个打炮,明儿个关城。改良?哼!我还留着我的小辫儿,万一把皇上改回来呢!

王淑芬:别顽固啦,三爷!人家给咱们改了民国,咱们还能不随着走吗?你看,咱们这么一收拾,不比以前干净、好看?专招待文明人,不更体面?可是,你要还带着小辫儿,看着多么不顺眼哪!

李　三:太太,你觉得不顺眼,我还不顺心呢!

王淑芬:哟,你不顺心?怎么?

李　三:你还不明白?前面茶馆,后面公寓,全仗着掌柜的跟我两个人,无论怎么说,也忙不过来呀!

王淑芬:前面的事归他,后面的事不是还有我帮助你吗?

李　三:就算有你帮助,打扫二十来间屋子,侍候二十多人的伙食,还要沏茶灌水,买东西送信,问问你自己,受得了受不了!

王淑芬:三爷,你说得对!可是呀,这兵荒马乱的年月,能有个事儿做也就得念佛!咱们都得忍着点!

李　三:我干不了!天天睡四五个钟头的觉,谁也不是铁打的!

语流音变综合训练

绕口令

堵油篓（上声变调）

柳老流赶着六头牛，六头牛驮着六篓油。
有篓破漏缓漏油，油从篓漏满路有。
刘六妞找来一捆柳，帮助老柳堵油篓，
老柳感谢握两手，满口称赞刘六妞。

醉汉魏老六（去声变调）

醉汉魏老六，喝酒没个够，
一杯又一杯，最后对瓶吹。
喝完往家走，怀揣一瓶酒，
拐绕走得快，踹上大石块，
酒瓶没摔坏，站立要双拐。

胡虎虎（轻声）

葫芦胡同胡虎虎，晚上睡觉打呼噜。
睡到半夜犯糊涂，隔着窗户掉外头。
护着屁股不护头，弄块砖头当枕头。
呼噜呼噜接着睡，一觉呼噜到正午。

短文

◇ 上声变调练习

喜悦（节选） 王蒙

高兴，这是一种具体的被看得到摸得着的事物所唤起的情绪。它是心理的，更是生理的。它容易来也容易去，谁也不应该对它视而不见失之交臂，谁也不应该总是做那些使自己不高兴也使旁人不高兴的事。让我们说一件最容易做也最令人高兴的事吧，尊重你自己，也尊重别人，这是每一个人的权利，我还要说这是每一个人的义务。

快乐，它是一种富有概括性的生存状态、工作状态。它几乎是先验的，它来自生命本身的活力，来自宇宙、地球和人间的吸引，它是世界的丰富、绚丽、阔大、悠久的体现。快乐还是一种力量，是埋在地下的根脉。消灭一个人的快乐比挖掘掉一棵大树的根要难得多。

（节选自《普通话水平测试实施纲要》作品 46 号）

◇ 去声变调练习

为了忘却的记念（节选） 鲁迅

在一个深夜里，我站在客栈的院子中，周围是堆着的破烂的什物；人们都睡觉了，连我的女人和孩子。我沉重地感到我失掉了很好的朋友，中国失掉了很好的青年，我在悲愤中沉静下去了，然而积习却从沉静中抬起头来，凑成了这样几句：

“惯于长夜过春时，挈妇将雏鬓有丝。梦里依稀慈母泪，城头变幻大王旗。忍看朋辈成新鬼，怒向刀丛觅小诗。吟罢低眉无写处，月光如水照缁衣。”

◇ “一”“不”变调练习

课不能停（节选） 刘墉

纽约的冬天常有大风雪，扑面的雪花不但令人难以睁开眼，甚至呼吸都会吸入冰冷的雪花。有时前一天晚上还是一片晴朗，第二天拉开窗帘，却已经积雪盈尺，连门都推不开了。

遇到这样的情况，公司、商店常会停止上班，学校也通过广播，宣布停课。但令人不解的是，唯有公立小学，仍然开放。只见黄色的校车，艰难地在路边接孩子，老师则一大早就口中喷着热气，铲去车子前面的积雪，小心翼翼地去学校。

据统计，十年来纽约的公立小学只因为超级暴风雪停过七次课。这是多么令人惊讶的事。犯得着在大人都无须上班的时候让孩子去学校吗？小学的老师也太倒霉了吧？

于是，每逢大雪而小学不能停课时，都有家长打电话去骂。妙的是，每个打电话的人，反应全一样——先是怒气冲冲地责问，然后满口道歉，最后笑容满面地挂上电话。原因是，学校告诉家长：

在纽约有许多百万富翁，但也有不少贫困的家庭。后者白天开不起暖气，供不起午餐，孩子的营养全靠学校里免费的中饭，甚至可以多拿些回家当晚餐。学校停课一天，穷孩子就受一天冻，挨一天饿，所以老师们宁愿自己苦一点儿，也不能停//课。

或许有家长会说：何不让富裕的孩子在家里，让贫穷的孩子去学校享受暖气和营养午餐呢？

学校的答复是：我们不愿让那些穷苦的孩子感到他们是在接受救济，因为施舍的最高原则是保持受施者的尊严。

（节选自《普通话水平测试实施纲要》作品 23 号）

◇ 轻声练习

一个美丽的故事（节选） 张玉庭

有个塌鼻子的小男孩儿，因为两岁时得过脑炎，智力受损，学习起来很吃力。打个比方，别人写作文能写二三百字，他却只能写三五行。但即便这样的作文，他同样能写得很动人。

那是一次作文课，题目是《愿望》。他极其认真地想了半天，然后极认真地写，那作文极短。只有三句话：我有两个愿望，第一个是，妈妈天天笑眯眯地看着我说："你真聪明。"第二个是，老师天天笑眯眯地看着我说："你一点儿也不笨。"

于是，就是这篇作文，深深地打动了他的老师，那位妈妈式的老师不仅给了他最高分，在班上带感情地朗读了这篇作文，还一笔一画地批道：你很聪明，你的作文写得非常感人，请放心，妈妈肯定会格外喜欢你的，老师肯定会格外喜欢你的，大家肯定会格外喜欢你的。

（节选自《普通话水平测试实施纲要》作品 51 号）

◇ 儿化练习

故乡的胡同(节选)[①] 史铁生

北京很大,不敢说就是我的故乡。我的故乡很小,仅北京城之一角,方圆大约二里,东和北曾经是城墙现在是二环路。其余的北京和其余的地球我都陌生。

二里方圆,上百条胡同密如罗网,我在其中活到四十岁。编辑约我写写那些胡同,以为简单,答应了,之后发现这岂非是要写我的全部生命?办不到。但我的心神便又走进那些胡同,看它们一条一条怎样延伸怎样连接,怎样枝枝杈杈地漫展,以及怎样曲曲弯弯地隐没。我才醒悟,不是我曾居于其间,是它们构成了我。密如罗网,每一条胡同都是我的一段历史、一种心绪。

四十年前,一个男孩艰难地越过一道大门槛,惊讶着四下张望。对我来说,胡同就在那一刻诞生。很长很长的一条土路,两侧一座座院门排向东西,红而且安静的太阳悬挂西端。男孩看太阳,直看得眼前发黑,闭一会儿眼,然后顽固地再看太阳。

◇ "啊"音变练习

陶行知的"四块糖果"(节选)

陶行知又掏出第三块糖果塞到王友手里,说:"我调查过了,你用泥块砸那些男生,是因为他们不守游戏规则,欺负女生;你砸他们,说明你很正直善良,且有批评不良行为的勇气,应该奖励你啊!"王友感动极了,他流着泪后悔道:"陶　　陶校长你打我两下吧!我砸的不是坏人,而是自己的同学啊……"

(节选自《普通话水平测试实施纲要》作品 39 号)

思考练习题

一、什么是语流音变?语流音变的现象有哪些?

---

① 史铁生.向死而生[M].南京:江苏凤凰文艺出版社,2016:21.

二、什么是变调？变调的规律有哪些？

三、请分析以下段落中上声字(画线的字)的变调,朗读并录音。

在这幽美(　　)的夜色中,我踏着软(　　)绵绵的沙滩,沿着海边,慢慢地向前走去。海水(　　),轻轻地抚摸着细软的沙滩,发出温柔的唰唰声。晚来的海风,清新而又凉爽(　　)。我的心里(　　),有着说不出的兴奋和愉快。

四、请给下列句子标出"啊"的正确读音,并朗读练习。

1. 星星幼儿园里的孩子们好可爱啊(　　),又唱啊(　　),又跳啊(　　),又玩游戏啊(　　),每天都那么开心!

2. 这个早市的东西真全啊!什么鸡啊(　　)、鱼啊(　　)、肉啊(　　)、盐啊(　　)、菜啊(　　),真是"只有你想不到的,没有买不到的"啊(　　)!

五、什么是轻声？轻声有什么作用？

六、请用五度标记法标出下列词语的轻声读法:

月亮(　　)	云彩(　　)	时候(　　)
火候儿(　　)	功夫(　　)	狐狸(　　)
蚂蚱(　　)	东西(　　)	妹妹(　　)
姐姐(　　)	拿着(　　)	刀子(　　)
故事(　　)	秧歌(　　)	衣裳(　　)

七、什么是儿化？儿化有什么作用？

八、请标出下列词语的儿化音读法。

泥人儿(　　)	火星儿(　　)	圆圈儿(　　)
脑瓜儿(　　)	针鼻儿(　　)	盖盖儿(　　)
刀片儿(　　)	橡皮筋儿(　　)	光杆儿(　　)
小偷儿(　　)	水瓮儿(　　)	主角儿(　　)

九、熟读《普通话水平测试实施纲要》中的"普通话水平测试用儿化词语表"。

十、请你朗读下面的小故事《季梁劝魏王》并录音,请普通话发音标准的老师或同学,帮你一起找出你在语流音变方面的错误与缺陷,填写"语流音变自我诊断表"。[1]

① 姚喜双.普通话口语教程[M].北京:高等教育出版社,2009:113.

语流音变自我诊断表

所在方言区：　　　　　　　　　　　　　　　　　班级：　　　　　　　　　姓名：

语流音变错误	语流音变缺陷	举例	解决方法

季梁劝魏王

战国末期，魏王想攻打赵国，大臣季梁想方设法要阻止他，于是给他讲了这样一个故事："今天我在路上遇到一个人，他坐车往北边走，却告诉我他要去南边的楚国。我对他说：'楚国在南方，你走错了！'那人却说：'不要紧，我的马跑得快。'我又说：'跑得快也不行啊！'那人说：'我的路费多着呢！'我没办法，只好提醒他：'路费多也没有用。'那人最后只好说：'我的马夫善于赶车。'这个人真是太糊涂了，马跑得越快、路费越多、马夫越会赶车，他离楚国就会越远啊！"

说到这里，季梁转入正题："大王想要成就霸业，只有取信于天下，才能树立威望，最终达到目的。如果欺负弱小的国家，就不可能树立威望，最终只会离目标越来越远。"

魏王听了季梁的劝告，觉得很有道理，于是打消了攻打赵国的念头。

训练秘诀

深语“交规”

——多上路

不闯“红灯”

——勤练嘴

重难排易

——有侧重

稳定心理

——顾虑除

第七章　普通话水平测试——让你的语音标准化

李老师在南方一所大学的国际交流学院工作，主要给留学生讲语法、写作课。一位不太懂业务的领导把留学生的“正音课”也交给了她。李老师推辞说：“我的普通话语音水平不行，张老师的普通话水平测试成绩比我高，还是让他开这个课吧。”领导很诧异地说：“别谦虚了，老师里只有你是二级甲等，其他人都是一级乙等，就你水平最高，还是你开吧。”李老师听后哭笑不得：“在测试成绩里，二级甲等比一级乙等低，所以，张老师的普通话比我好！”

其实，初次听到“普通话水平测试”这个词的人肯定也像这位领导一样，分不清测试成绩中到底是一级好还是二级好，这究竟是一个什么样的测试？有什么作用和要求？又是依据什么来进行级别的认定的？全国到底有哪些人群需要参加测试？哪些岗位必须持有测试证书呢？

普通话水平测试简介

首先，向大家介绍普通话水平测试的基本知识，帮助应试人掌握普通话水平测试的具体考点及考试技巧。

普通话水平测试属于标准参照性考试，通过测试应试人的普通话规范程度、熟练程度，认定其普通话等级。

普通话测试全部采用口试，是对一个人普通话水平，特别是语音规范，即语音标准程度的主观性测试。

◆ 测试的内容和范围

普通话水平测试的内容包括普通话语音、词汇和语法。

测试的范围是国家测试机构编制的以下内容：

“普通话水平测试用普通话词语表”；

“普通话水平测试用普通话与方言词语对照表”；

“普通话水平测试用普通话与方言常见语法差异对照表”；

“普通话水平测试用朗读作品”；

“普通话水平测试用话题”。

其中，“普通话水平测试用普通话词语表”分为“表一”“表二”“普通话水平测试用必读轻声词语表”“普通话水平测试用儿化词语表”四个部分；“普通话水平测试用朗读作品”有 60 篇短文；“普通话水平测试用话题”提供 30 个话题。

“普通话水平测试用普通话词语表”的“表一”收录了 6 595 条词语，“表二”收录了 10 460 条词语。“表一”根据词语常用程度分为带一个星号“ * ”和不带星号两种。

“普通话水平测试用必读轻声词语表” 是根据“普通话水平测试用普通话词语表”编制的，供多音节词语测试使用，共收词 548 条。

“普通话水平测试用儿化词语表”是在“普通话水平测试用普通话词语表”及《现代汉语词典》的基础上编制的，供多音节词语测试使用，共收词 189 条。

◆ 测试的试卷设计

测试的试卷共包括读单音节字词、读多音节词语、选择判断、朗读短文、命题说话五个测试项。

目前，大部分地区在测试时取消了“选择判断”这部分内容，只测试其余四项。下面用图表简要说明这四项的考查内容、要求和评分办法（表 7-1、7-2、7-3、7-4）。

表 7-1　读单音节字词

考试内容	100 个单音节词语。 选自“普通话水平测试用普通话词语表”，70%选自“表一”，30%选自“表二”。 21 个声母中每个声母出现一般不少于 3 次。 39 个韵母中每个韵母出现不少于 2 次。4 个声调出现次数大致均衡。
考查要点	声母：发音部位、发音方法是否正确。
	韵母：舌位、唇形、舌位动程、归音是否到位。
	声调：调值是否饱满，调形是否正确。

续表

评分规则	总分 10 分。 测试中应试人发现读音有误时,允许再读一遍进行纠正,按第二次读音评判。	**错误**:读错一个字扣 0.1 分。声母、韵母或声调任一部分发音有误,都判作这个字读音错误,要扣 0.1 分,但是声、韵、调错误同时出现不重复扣分。 **缺陷**:一个字读音有缺陷扣 0.05 分。无论这个字声母、韵母或声调哪一部分发音有缺陷,都要扣 0.05 分,但同一字的缺陷不重复扣分。
时限	限时 3.5 分钟,超时扣分。 超时 1 分钟以内,扣 0.5 分; 超时 1 分钟以上,扣 1 分。	

【测试重点】读单音节字词是在静态中考查声母、韵母、声调的标准程度,具体说就是考查声母的发音部位、发音方法是否正确,韵母的舌位、唇形舌位动程、归音是否到位,声调的调值是否饱满、调形是否正确,不涉及语流音变的问题。

生活中我们很少会发单音节字词,所以,考试时我们要拿捏好发音饱满和自然之间的度,让读音到位而不过分夸张。有的考生测试时仍旧像平时说话一样松松垮垮,很多音没有发完整,出现"半截字儿"的情况,如阳平上到 4、上声下到 1、去声下到 3,这个音节就结束了,像这样调值、调形不到位的情况是会扣分的。有的考生为了把音发饱满而过分地展开音节,不自然,训练痕迹过重,每个音节之间的停顿又过长,造成超时扣分,也非常可惜。

表 7-2 读双音节词语

考试内容	50 个双音节词语。 选自"普通话水平测试用普通话词语表",70%选自"表一",30%选自"表二"。 21 个声母中每个声母出现一般不少于 3 次。 39 个韵母中每个韵母出现不少于 2 次。 上声和上声相连的词语出现不少于 2 次,上声与其他声调相连出现不少于 4 次;轻声出现不少于 3 次;儿化韵出现不少于 4 次(应为不同的儿化韵母)。
考查要点	声母:发音部位、发音方法是否正确。
	韵母:舌位、唇形、舌位动程、归音是否到位。
	声调:调值是否饱满,调形是否正确。
	变调:上声变调的准确、自然程度。
	轻声:掌握轻声的准确程度。
	儿化:掌握儿化韵的音变规则的准确程度。

续表

评分规则	总分 20 分。 测试中应试人发现读音有误时，允许再读一遍进行纠正，按第二次读音评判。	**错误**：读错一个字（一个音节）扣 0.2 分。声母、韵母或声调任一部分发音有误，都判作这个字读音错误，要扣 0.2 分，但是声、韵、调错误同时出现不重复扣分。一个词中的两个音节都读错扣 0.4 分。 **缺陷**：一个读音有缺陷扣 0.1 分。无论这个字声母、韵母或声调哪一部分发音有缺陷，都要扣 0.05 分，但同一字的缺陷不重复扣分。一个词中的两个音节都有缺陷扣 0.2 分。
时限	限时 2.5 分钟。 超时 1 分钟以内，扣 0.5 分； 超时 1 分钟以上，扣 1 分。	

【测试重点】读双音节词语时，测试员就不会只关注每个音节中的声、韵、调的标准，更关注两个音节衔接的自然程度。所以，被测试人如果还像念单音节那样念字儿是不行的。

双音节词语相邻的两个音节互相影响，就会产生音变，声调的变化就是其中很重要的一个方面，有的变调只是调值高低的变化：比如两个阴平相连，声调会由 55-55 变成 44-55；两个阳平相连，声调会由 35-35 变成 34-45；两个去声相连，声调会由 51-51 变成 53-51；有的不只是调值高低的变化，调形也变了，这种变化比较明显，比如上声的变调。

轻声和儿化也是这一项考查的重要内容。轻声在文字上不单独标明，所以存在识别和读两个问题，首先要明确判断出是否是轻声，这在“普通话水平测试用必读轻声词语表”中有详细的介绍。这一项把需要儿化的词都标了出来，但是按照儿化音变规律进行正确朗读还是需要下功夫去练习的，尤其对于南方人来说。

表 7-3　**朗读短文**

考试内容	在“普通话水平测试用朗读作品”的 60 篇“朗读材料”中任选一篇，测试时抽签决定。 评分以朗读作品的前 400 个音节（不含标点符号和括注的音节）为限。

续表

<table>
<tr><td rowspan="9">考查要点</td><td colspan="2">声母:发音部位、发音方法是否正确。</td></tr>
<tr><td colspan="2">韵母:舌位、唇形、舌位动程、归音是否到位。</td></tr>
<tr><td colspan="2">声调:调值是否饱满,调形是否正确。</td></tr>
<tr><td colspan="2">变调:词语连读变调的准确、自然程度。如,上声、“一”、“不”变调。</td></tr>
<tr><td colspan="2">轻声:掌握轻声的准确程度。</td></tr>
<tr><td colspan="2">儿化:掌握儿化韵的音变规则的准确程度。</td></tr>
<tr><td colspan="2">停连:从具体的语境入手,根据语义和思想感情表达的需要进行停连。</td></tr>
<tr><td colspan="2">语调:准确、生动的语调。</td></tr>
<tr><td colspan="2">流畅度:避免出现语流生涩、句子结巴、回读较多、“字化”、“词化”的现象。</td></tr>
<tr><td>评分规则</td><td>总分 30 分。
语音评分对应试人选读材料的前 400 字的失误做累积计算。</td><td>每次语音错误扣 0.1 分,漏读一个字(或多读一个字)扣 0.1 分。
声母或韵母的系统性语音缺陷,根据程度扣 0.5 分或 1 分。
语调偏误,略有反映扣 0.5 分、比较明显扣 1 分、问题突出扣 2 分。
停连不当,视程度扣 0.5 分、1 分、2 分。
朗读不流畅(包括回读),视程度扣 0.5 分、1 分、2 分。</td></tr>
<tr><td>时限</td><td colspan="2">限时 2.5 分钟。
超时 1 分钟以内,扣 0.5 分;
超时 1 分钟以上,扣 1 分。</td></tr>
</table>

【测试重点】朗读项在语音方面主要考查应试人在动态语流中语音的标准程度,这一项比读单音节字词、读双音节词语对应试人提出了更高的要求。朗读过程中,应试人发音的速度快、频率高,没有时间对字音深思熟虑,往往脱口而出,这更客观地检验了应试人运用普通话表达的熟练程度。

这一项除了要求应试人忠于作品原貌,不添字、漏字、改字外,还要求应试人在声母、韵母、声调、轻声、儿化、音变以及语句的表达方式等方面都符合普通话语音的规范。

应试人要用标准的普通话进行朗读,注意普通话和自己方言在语音上的差异、双音节的读音、由字形相近或由偏旁类推引起的误读以及异读词的读音。

朗读时,有些句子较短,按书面标点停顿即可;有些句子较长,结构也较复杂,句中虽没有标点符号,但为了表达清晰,中途也可以做些短暂的停顿。但如果停顿不当就会破坏句子的结构,这就叫读破句。朗读测试中忌读破句,应试人要格外注意。

表 7-4　命题说话

<table>
<tr><td>考试内容</td><td colspan="3">“普通话水平测试用话题”的 30 个谈话题目。
应试人根据抽签确定话题，一般应试人从抽签列出的两个话题中任选一题作为自己说话的题目。</td></tr>
<tr><td rowspan="3">考查要点</td><td rowspan="3">这项测试的目的是考查应试人在没有文字凭借的情况下，说普通话的能力和所能达到的规范、流畅程度。</td><td colspan="2">语音标准程度：普通话的声、韵、调要正确；变调、儿化、轻声以及语气词“啊”音变要恰当；语调平稳自然；能够按照普通话的口语语调来说话，不带有朗读和背诵的腔调。</td></tr>
<tr><td colspan="2">词汇、语法标准程度：按照普通话的词汇、语法进行表达的能力。</td></tr>
<tr><td colspan="2">自然流畅度：自然说话状态，避免背书腔调或者结结巴巴。</td></tr>
<tr><td rowspan="12">评分规则</td><td rowspan="12">总分 40 分。</td><td rowspan="6">语音标准程度（25 分，分为六档）</td><td>一档：语音标准，或极少有失误。扣 0 分、0.5 分、1 分。</td></tr>
<tr><td>二档：语音错误在 10 次以下，有方音但不明显。扣 1.5 分、2 分。</td></tr>
<tr><td>三档：语音错误在 10 次以下，但方音比较明显；或语音错误在 10 次到 15 次之间，有方音但不明显。扣 3 分、4 分。</td></tr>
<tr><td>四档：语音错误在 10 次到 15 次之间。方音比较明显。扣 5 分、6 分。</td></tr>
<tr><td>五档：语音错误超过 15 次，方音明显。扣 7 分、8 分、9 分。</td></tr>
<tr><td>六档：语音错误多。方音重。扣 10 分、11 分、12 分。</td></tr>
<tr><td rowspan="3">词汇语法规范程度（10 分，分三档）</td><td>一档：词汇、语法规范。扣 0 分。</td></tr>
<tr><td>二档：词汇、语法偶有不规范的情况。扣 0.5 分、1 分。</td></tr>
<tr><td>三档：词汇、语法屡有不规范的情况。扣 2 分、3 分。</td></tr>
<tr><td rowspan="3">自然流畅程度（5 分，分三档）</td><td>一档：语言自然流畅，扣 0 分。</td></tr>
<tr><td>二档：语言基本流畅，口语化较差，有类似背稿子的表现。扣 0.5 分、1 分。</td></tr>
<tr><td>三档：语言不连贯，语调生硬。扣 2 分、3 分。</td></tr>
<tr><td>时限</td><td colspan="3">说话不足 3 分钟，酌情扣分；
说话缺时 1 分钟以内（含 1 分钟），扣 1 分、2 分、3 分；
说话缺时 1 分钟以上，扣 4 分、5 分、6 分；
说话不满 30 秒（含 30 秒），计 0 分。</td></tr>
</table>

【测试重点】“说话”质量的高低直接关系到测试员对应试人普通话等级的判断，尤其是当应试人的成绩处于某一个等级的边缘时，“说话”成为应试人能否“上等级”的决定性因素。

命题说话相对于前几项而言，难度又有所增加。最为明显的是，应试人往往容易在这个环节暴露前几项“隐藏”的语音错误或缺陷。

◆ 测试的评价等级

普通话水平测试工作始于 1994 年，在 2007 年以前都是人工评测应试人的语音标准程度，一般由 2~3 名普通话测试员同时评测一名应试人。为了提高普通话水平测试和普通话推广的效率及水平，提高测试工作的公正性，降低测试成本，同时对普通话测试工作的组织和管理工作提供有效帮助，普通话水平测试信息化建设提上了日程，智能语音技术在普通话学习、评测及推广中得到了应用，测试的形式由“人测”发展为“计算机辅助测试”。2006 年 12 月，教育部语用司正式批准安徽、上海自 2007 年 1 月 1 日起进行机辅测试试点。之后的一年，又陆续批准天津、重庆、辽宁、湖北、山西、吉林、江苏、山东等省市进行机辅测试试点。2010 年 7 月，教育部语用司要求在 2010 年底前，所有尚未开展试点的省份都要开展试点工作。截至 2014 年 9 月 30 日，全国 31 个省市开展了机辅测试，其中安徽、上海、江苏、北京等 20 个省市已全面开展机辅测试。[①]

教育部 2009 年颁布的《计算机辅助普通话水平测试评分试行办法》规定：读单音节字词、读多音节词语、朗读短文三项，由国家语言文字工作部门认定的计算机辅助普通话水平测试系统评定分数。第四项命题说话项由测试员评定分数。人工测试时，应试人面对测试员完成全部四个测试项，必要时主试人可给予提示或引导；而机辅测试时，应试人面对计算机完成语音采集过程，没有测试员的现场提示或引导。尤其需要注意的是，在《普通话水平测试实施纲要》“命题说话”项的评分规则的基础上，针对受测形式和评测形式的改变所导致的一些新的问题而增加了两个评分要素：离题、内容雷同，视程度扣 4 分、5 分、6 分。无效话语，根据累计占

---

① 汪张龙.计算机辅助普通话水平测试发展历程回顾[J/OL].(2015-01-04)[2022-04-16]. http://jw.beijing.gov.cn/language/ywsh/201612/t20161219_1056483.html.

时酌情扣分：累计占时 1 分钟以内(含 1 分钟)，扣 1 分、2 分、3 分；累计占时 1 分钟以上，扣 4 分、5 分、6 分；有效话语不满 30 秒(含 30 秒)，本测试项成绩计为 0 分。

普通话水平测试划分为三个级别，每个级别内划分两个等次，我们称之为“三级六等”。

97 分及其以上，为一级甲等。

92 分及其以上但不足 97 分，为一级乙等。

87 分及其以上但不足 92 分，为二级甲等。

80 分及其以上但不足 87 分，为二级乙等。

70 分及其以上但不足 80 分，为三级甲等。

60 分及其以上但不足 70 分，为三级乙等。

根据各行业的规定，有关从业人员的普通话水平达标要求见表 7-5：

表 7-5　需要测试的人员及要求等级

需要测试的人员	要求等级
国家级和省级广播电台、电视台的播音员、节目主持人	达到一级甲等
省级以下广播电台、电视台的播音员、节目主持人	不低于一级
话剧、电影、电视剧、广播剧等表演、配音演员，播音、主持专业和影视表演专业的教师、学生	不低于一级
中小学及幼儿园、校外教育单位的普通话语音教师	不低于一级
高校普通话语音教师	不低于一级
中小学及幼儿园、校外教育单位的语文教师	不低于二级甲等
高校现代汉语教师	不低于二级甲等
高校对外汉语教学教师	不低于二级甲等
公共服务行业的特定岗位人员(如广播员、解说员、话务员等)	不低于二级甲等
中小学及幼儿园、校外教育单位的教师	不低于二级
报考中小学、幼儿园教师资格的人员	不低于二级
师范类专业以及各级职业学校与口语表达密切相关的专业的学生	不低于二级
高等学校的教师	不低于三级甲等
国家公务员	不低于三级甲等

应试人除了了解每一项考试内容的考点以外,还应该做好以下准备:

知识能力准备——熟练掌握《普通话水平测试实施纲要》,力争做到不遗漏一个知识点;

考试技巧准备——了解测试规则,掌握必要的应试技巧;

心理准备——在充分准备知识、技巧的基础上,保持良好的心理状态。

知识能力准备在前六章已有充分的介绍,下面介绍一下考试技巧准备和心理准备。

考试技巧准备

互联网上流传着这样一个笑话:一篇“西红柿炒鸡蛋”加上不同的开头就可以应对所有的普通话水平测试用话题。如果你将这种网络上的“通关秘籍”用在考场上,那一定是枉费心机。测试员会轻松地识破这种恶意离题或者转换话题的投机行为。所以,我奉劝大家千万不要“投机取巧”。与其花时间、费精力地想出这些小花招来应付考试,不如静下心来,认真备考。

接下来我们要给大家介绍的不是这种应对考试的“旁门左道”,而是一些帮助大家提高备考效率的做法。

读单音节字词、读双音节词语、朗读短文三项都有文字依据,应试人备考时,要下功夫逐个、逐篇朗读、记忆;第四项“说话”只提供话题,没有固定的文本,说话内容由应试人自行组织,应试人不仅要注意语音的标准,还要在内容方面进行准备。在人测的环境中,如果应试人命题说话的内容完全脱离指定的主题和范围,语流不自然,背诵痕迹明显,内容雷同,复述别人的作品(名家名篇或者网络上的范文),现场的测试员可以及时提醒,也可以通过提问、对话等形式帮助应试人满足说话时长的要求。然而在机测环境下,无现场交流和引导,有些应试人不太适应对着机器自言自语的情况,或者对机测操作流程不熟悉。这些情况难免会影响应试人说话的质量。接下来,我们就命题说话项向大家介绍一些事半功倍的备考技巧。

◆ 命题说话的备考技巧

在命题说话准备的过程中,大家可以按照“巧合并、多叙述、尚口语、讲规范、求顺畅”15字原则进行认真准备。

◇ **巧合并**

首先，我们可以把30个话题进行分类。普通话水平测试中的“说话”不是口头作文，不要求内容紧凑、中心明确、论点集中。命题说话的审题要求较宽松，只要大体上能围着题目说就可以了。应试人围绕话题展开，即兴联系，自由发挥，适当发散，偶尔有脱离话题的现象，只要不是特别过分，且过渡合理，及时收回，都不会被视为“跑题”现象而扣分，但一定不能“跑得”太远、太快、太突然。

无论内容怎样安排，思维怎样发散，技巧怎样高超，有一点是不能忽略的，那就是说话内容要和话题有必要的联系，在开头、结尾等关键处更要谨慎照应。

针对这30个话题，我们可以用两种方式将其归类合并。

一种是按照体裁分类。这30个话题可以归纳成三大类型：叙述类、说明类、评论类，具体见表7-6：

表7-6 按体裁分类

类别	题目
叙述类	2. 我的学习生活 3. 我尊敬的人 5. 童年的记忆 7. 难忘的旅行 8. 我的朋友 11. 我的业余生活 15. 我的假日生活 16. 我的成长之路
说明类	1. 我的愿望（或理想） 4. 我喜爱的动物（或植物） 6. 我喜爱的职业 9. 我喜爱的文学（或其他）艺术形式 12. 我喜欢的季节（或天气） 18. 我知道的风俗 19. 我和体育 20. 我的家乡（或熟悉的地方） 21. 谈谈美食 22. 我喜欢的节日 23. 我所在的集体（学校、机关、公司等） 27. 我喜爱的书刊 26. 我喜欢的明星（或其他知名人士） 29. 我向往的地方
评论类	10. 谈谈卫生与健康 13. 学习普通话的体会 14. 谈谈服饰 17. 谈谈科技发展与社会生活 24. 谈谈社会公德（或职业道德） 25. 谈谈个人修养 28. 谈谈对环境保护的认识 30. 购物（消费）的感受

叙述类的话题要围绕“人”或“事”来说。比如,“说人的”要通过对这个人的所作所为的叙述,提炼出这个人与其他人不同的个性特征,以及他对你的影响;“记事的”要说出时间、空间、人物以及事情的发展线索,还有这件事带给你的启示或思考。

说明类的话题可以说出说明对象的一般情况,说明时要有一定的时空或逻辑顺序,抒发自己对介绍对象的热爱;也可以先说明这类事物是什么,接着说出你喜欢这类事物的原因。要说得合情合理,令人信服。

评论类的话题可以采用“对评论对象的引述—对评论对象进行评价或阐述—结论”的结构方式,或者说出自己对该事物的感受、体会或收获。在这个过程中,不仅要从客体说起,直接说到主体“我”,更重要的是要说出“我”和客体之间的联系,以及这种联系给人的启迪。

还有一种合并方法是按内容对话题进行分类。如“我的假日生活”“我的业余生活”“难忘的旅行”等就可以再度归为一类话题。

归类合并后,大约也就七八类话题,应试人可以把每类话题都练习一遍,熟记每类话题所选用的题材、事例,应试时就能胸有成竹了。

表 7-7 列举了合并话题的方法和话题内容的示例:

表 7-7 按内容分类

类别	内容示例
7. 难忘的旅行　11. 我的业余生活 15. 我的假日生活　29. 我向往的地方	旅游
5. 童年的记忆　16. 我的成长之路 19. 我和体育	体育运动
1. 我的愿望(或理想)　6. 我喜爱的职业 13. 学习普通话的体会　26. 我喜欢的明星(或其他知名人士)	向往主持人职业,认真学习普通话
3. 我尊敬的人　8. 我的朋友 23. 我所在的集体(学校、机关、公司等)	我的一位同事是我尊敬的人
18. 我知道的风俗　20. 我的家乡(或熟悉的地方) 22. 我喜欢的节日	家乡的一种风俗
24. 谈谈社会公德(或职业道德)　25. 谈谈个人修养 28. 谈谈对环境保护的认识	从环保角度谈社会公德、个人修养

续表

2. 我的学习生活 27. 我喜爱的书刊	9. 我喜爱的文学(或其他)艺术形式	介绍爱读的文学方面的书刊

◇ **多叙述**

相对来说,叙述类话题比较有利于应试人发挥。所以应试人可以设法在说明类、评论类话题中多一些叙述性语言。怎样才能多说叙述性语言呢?大家可以尝试以下办法。

1.举例子是一个很好的叙述方式。如“谈谈个人修养”这一话题,应试人可以先做议论,然后转换成叙述:“个人修养对一个人来说十分重要。我有个朋友,他的个人修养就很高。有一次……还有一次……”总之,准备时应尽量往“讲故事”上靠拢,这样更容易说满 3 分钟。特别是对那些比较抽象的题目要尽量举例说明,避免说大话、空话、套话。

为了有话可说,你还可以在列举事例的同时,进一步展开细节。比如“我喜爱的艺术形式”这个话题,有的考生开头列举了文学、音乐、书法、绘画等多种艺术形式,然后就说不下去了。其实你完全可以围绕文学展开很多细节,比如喜欢阅读哪部文学作品,它的内容是什么,作者的基本情况如何,自己阅读的感受如何等。一部作品说上个三五分钟是不成问题的,何况有那么多文学作品。如果文学说完了,时间未到,你再按同样的思路说音乐、书法等,如此下去,你会很快听到测试员“时间到”的提示。

2.列提纲可以帮助我们把要说的事件有条理地组织起来,考试时,只要记住这些纲目,就可以生发出具体内容了。

“我尊敬的人”提纲可以是——

(1)我尊敬的人是我的某老师(爸爸、妈妈、朋友……),其肖像、性格、为人……

(2)我尊敬他(她),因为他(她)品德高尚、学识渊博……(讲故事)

(3)我尊敬他(她),还因为他(她)特别关心我……(讲故事)

(4)所以,某老师(爸爸、妈妈、朋友……)是我所尊敬的人。

“谈谈科技发展与社会生活”的内容可以包括:

(1)科技发展使社会生活发生很大变化。

(2)穿的:面料更多样化……

(3)吃的:保鲜技术的发展,使我们能吃到很多以前极不容易吃到的食物,尤其是新鲜水果,如荔枝、鲜桂圆……

(4)住的:楼层更高也更安全。

(5)交通:更方便。火车大提速……

(6)联络:更快捷。手机的普及,功能多样化……

“我知道的风俗”内容包括:

(1)我知道的风俗很多:情人节送花、端午节吃粽子、中秋节赏月……

(2)我对××节(或具体事情)的风俗更加熟悉:介绍这个风俗的一些内容。

(3)记得有一年的××节(某一次什么场合),我见到这样一些令人难忘的情景……

“我和体育”的提纲可以是:

(1)我从小就喜爱体育运动,例如……

(2)我特别喜爱××体育运动项目。

(3)小学的时候……中学的时候……现在……(讲故事)

(4)体育运动给了我强健的体魄,我喜爱体育运动。

“谈谈社会公德(或职业道德)”的内容可以包括:

(1)社会良好秩序的形成需要社会成员有良好的社会公德(对于从事某项职业的人而言,需要有良好的职业道德)。

(2)社会公德的内容很丰富。我着重讲讲有关诚信的问题。

(3)讲诚信的重要性:社会经济生活可以良好发展、人与人之间的信任度提高等。

(4)不讲诚信的害处:经济生活受影响、人和人之间缺乏必要的信任,比如金华火腿、南京冠生园的月饼等,我的一次遭遇……(讲故事)

总之,围绕每个话题可说的内容很多,只要考前认真想过这些题目,并列出提纲,设计好每个纲目下面要说的内容,就不会无话可说了。不过,我们不建议把每个题目都写成稿子背下来。有的考生在考试前精心准备,事先从网上下载现成范文或自己撰稿,并加以背诵。其实,稿件背得越熟,对稿件的依赖性越强,也就越不能自由发挥。这样往往会造成紧张忘稿、说话中断的尴尬场面。

◇ **尚口语**

下面，我们谈谈说话题时遣词造句需要遵循的规则：要多用口语，少用书面语，修辞和抒情要有节制。

一般说来，口语词指日常口语交际时使用频率较高的词，书面语词指用文字写下来的、书面上交际使用的语言。“说话”一项的测试主要考查应试人的口头表达能力，因此应以口语词为主，尽可能减少书面语词的使用。

下面是一位应试人的“我喜爱的季节”话题的开头，过于浓重的文学意味使这段话听起来不像说话，像朗诵，生活中谁会这么说话呢？

春天万物复苏，绚丽多彩；夏天艳阳高照，清风蝉鸣；冬天白雪皑皑，银装素裹。但是我最喜爱的季节是秋天，秋高气爽别有一番特色。

我们可以把它改为更通俗的表达方式：

有人喜欢百花盛开的春天，有人喜欢艳阳高照的夏天，也有人喜欢白雪皑皑的冬天，而我却喜欢秋高气爽的秋天。

有的考生在参加普通话水平测试之前，认真准备，将“童年的记忆”“我喜欢的季节”等话题写成了一篇篇优美的抒情散文，将“我的愿望”“我尊敬的人”等写成了一篇篇慷慨激昂的演讲稿。这些抒情味极强的文字是不太符合日常口语表达的规律的。出现这些问题的原因主要是考生没有准确把握“说话”项的考查目的，将“即兴说话”理解为写作文、演讲或背诵等。大家要避免书面语风格过于强烈、使用大量的排比句式、结构复杂的长句以及关联词语等现象。

从评分标准看，“说话”项主要考查应试人的语音标准程度、词汇和语法规范程度及说话的自然流畅程度，并没有要求应试人说话时声情并茂、以情动人。有些考生以为在“说话题”时一定要充满感情，甚至有少数考生声泪俱下，企图用情感打动测试员。这种想法是错误的。“说话”时贵在语气平静、自然，即使带有情感也要适度，有所节制。一些不当的情感表达不仅不能增分增色，还可能适得其反，影响成绩。

◇ **讲规范**

语音规范是普通话水平测试取得良好成绩的关键。

在选择说话词汇时一定要注意在语音方面扬长避短。应试人若在语音方面存在系统缺陷,如平卷舌不分、鼻边音不分、前后鼻音不分、儿化音不到位等,在准备说话内容时应该尽量避开这些难点。

曾经有一位应试人准备“我的业余爱好”这个话题,起初她说她爱好“音乐”,特长是“拉小提琴”,而作为南方人的她,前鼻音 in 发不好,“音乐”“小提琴”这些词的多次出现会使她在“语音标准程度”上严重失分。在辅导老师的建议下,她把爱好换为唱歌、跳舞等,巧妙地规避了自己的弱项。

克服方言的影响,摒弃方言词汇是词汇项不失分的重要保证。一旦出现方言词汇,词汇语法项至少扣 1—2 分,因此,应试人要尽力避免使用方言词汇及方言表达。具体的内容大家可以参照“普通话水平测试用普通话与方言词语对照表”。

应试人还要注意有选择地使用新兴网络用语。这些网络用语一是与网络有关的专业术语,如在线、登录、聊天室、上传、下线、杀毒等;二是指与网络有关的特殊用语,如网虫、网友、黑客、博客、木马等;三是指网络聊天室里的常用语,如东东(东西)、美眉、我晕(表示吃惊)、无聊、变态、发颠、扁(打)、面(怯懦、软弱)、菜(差、差劲)、青蛙(很丑的男生)、恐龙(很丑的女生)、灌水(在论坛上发帖子)、打铁(在 BBS 或聊天室里发帖子)、板砖(BBS 里互相辩论和攻击他人的帖子)、顶(支持)、大虾(大侠)、斑竹(版主)等。

如果说话中涉及网络有关的专业术语或与网络有关的特殊用语,我们可以放心使用,但是对网络聊天室的一些常用语还是要慎重使用,因为,这些网络用语虽然风靡一时,有些已经在社会生活中较为广泛地应用,但毕竟不是规范的现代汉语词汇。

另外,缩略语、外来词和另类“新”词也要慎重使用。如课程名称的简称有:大英(大学英语)、法基(法律基础)、文概(文学概论)、毛概(毛泽东思想概论)、思修(大学生思想修养),还有一些字母缩略语,如 PK、CEO 等。

在普通话水平测试中,语法不规范的现象时常出现。

首先是考生因受方言的影响说话词序混乱,不符合普通话的语言习惯。最典型的是广东方言中的“你走先”(普通话为“你先走”),语序的略微改变就成了方言。其次是谓语重复使用，这种用法在广东方言区、闽南方言区极为普遍。如“你们今天有去上自习吗?”（普通话为“你们今天去上自习了吗?”）“我有想过再考一次普通话。”（普通话可以说“我曾经想过再考一次普通话。”）显然，这里的“有”字是典型的谓语重复使用。此外，双宾语句中的间接宾语和直接宾语位置的颠倒也是受方言的影响出现的语法错误。如“老师给一本书我。”（正确语序为“老师给我一本书。”）

语法部分的内容大家可以参阅“普通话水平测试用普通话与方言常见语法差异对照表”。

◇ **求顺畅**

建议应试人在说话测试中，不要过多考虑语音是否准确，以扫除说话过程中过重的心理负担和障碍，将重点集中在语言的组织和语句的表达上。语音问题的解决，应该在考前进行单独纠正和训练，在考场上过分注意发音的准确性，只会使你顾此失彼、得不偿失。

同时，在说话过程中，应试人要避免无意义的口头语和习惯用语。有些人在说话时会在句子开头或末尾机械地无意义地重复某些音节或词。如“这个”“那个”“嗯”“啊”“这样子”等。这些口头语或习惯用语在句子的表达中显得格外突兀，使语句断断续续，很不流畅，自然会影响说话的质量。

另外，要根据提示音开始和结束说话。说话题时，在没有听到提示音之前，要坚持说下去，不要自主结束。尤其要提醒各位，说话项计时开始后要及时开口说话；说话过程中不要出现大段的空白；不要用反复纠错、简单重复等无效语料填充说话时间；无话可说而时间又没有到时，不要轻易放弃考试，可以运用我们前面讲到的列举事例的方法扩充说话的内容。

◆ **考场小技巧的灵活运用**

◇ **巧妙安排考前 10 分钟准备时间**

每位应试人进入考场后一般有 10 分钟的准备时间，合理利用这 10 分钟将对后面的测试大有裨益。在准备阶段，可以先从第四题“说话”项开始，然后是第一题、第二题、第三题。因为第四题难度最大,如果提前准备好,有助于应试人稳定情绪。第一题的单音节在无语境的情况下,会让过度紧张的应试人一时难以辨认。第二题和第三题有相应的语境,较容易应对。

备考时对单音节字词,应试人可快速浏览一遍,找出不认识的字,查找其发音。由于语境缺失,注意不要误读形近字,如揩和谐。此题没有轻声,都是有声调的。除“耳、而、儿”等以外的字没有儿化韵。要把握好语速,快慢适中,太快会影响归音,影响测试员的听辨;太慢会给人拖泥带水的感觉,还有可能超时。此题允许重读,以第二次为准,但切不可字字回读。

对双音节词语,应试人可先通读,找出难点音(平翘相间音、边鼻相间音、前后鼻韵母相间音等)、轻声词、儿化词、“上声”“一”“不”的变调。如果一个词语中有不认识的字,不要放弃整个词语,要把其中认识的字读出来。此外,应试人还要注意构成词语的两个字不能割裂来读,要连贯。把握中重音格式,除轻声词外,一般都是“中重”格式,即第二个音节读得重一些。和第一题一样,此题允许重读,以第二次为准。

短文朗读的准备,应试人可尽快通读一遍,注意难字、语流音变、轻声、儿化、“啊”的变读及平常读得不顺畅的地方。

说话的准备,应试人可快速选择一个自己准备较充分的题目,在头脑中将事先准备的内容、题材、事例等默想一遍,就能轻松自如地应试了。

◇ 灵活应对命题说话项的准备不足

万一抽到的话题是事先准备不足的,也可以参考下面几种方式:

一是,移花接木。比如,应试人由于时间限制,只准备了话题“我的学习生活”,而抽到的话题是“我的假日生活”,应试人可以说:“我的假日生活丰富多彩,其中我最喜欢的还是学习。在假日里我喜欢读一些文学名著……”

二是,拓宽话题。有些话题没有做更多的限定,应试人不要自己限定话题。如“我喜欢的节日”这一话题,有些应试人误以为是“我最喜爱的节日”,这样会由于题目的自我限定导致无话可说。应试人不要只限定在某个节日上说话,甚至可以从正月初一说到大年三十。在应试时,如果准备的内容已说完而规定时间还没有到,可以联系相关的内容继续往下说。如“我喜爱的动物”这个话题,应试人说:

“我喜爱的动物是狗。从前我家里就养了一条狗……”说完“狗”后，如果时间还没到，应试人可以接着说：“除了狗之外，我还喜爱猫。我家以前也养过一只猫……”

三是，控制语速。为了顺利说满 3 分钟，又要减少不必要的错误，应试人还应该控制语速。语速适中，发音从容，可以提高语音的标准程度。如果语速过快，不仅会影响语音的准确程度，错误率上升，而且会导致在规定的时间里说话的音节增加，事先准备的内容不能说满 3 分钟。另外，应试人说话的语速也不能过慢，因为语速过慢会影响语句的完整，使人听起来感觉别扭，不像是日常说话。

心理准备

普通话水平测试中很多失分现象产生的原因主要是心理因素，当人处在紧张的状态时，口误更为常见。因此，应试人要注意提高心理素质，在朗读中保持沉着自信、积极主动的状态，全神贯注地进入作品，在全身松弛、用声自如的情况下完成考试，避免因心理因素产生口误而失分。

◆ 正确认识普通话水平测试的意义

对待普通话水平测试，一方面，完全没有必要片面夸大其意义，把测试与个人的终生事业、成就和幸福等联系在一起，带着强烈的求胜动机和沉重的心理负担去复习、测试，使过度的焦虑影响复习和临场发挥；另一方面，也不要对测试抱消极应付的态度，毫无准备、毫无压力地被动参与。应试人应该将正确的认识化为学习的内在驱动力，并将这种内在的积极的情感因素作用于复习和测试，保持适度的积极紧张的状态。

◆ 给自己制定一个明确而适度的目标

在制定普通话等级目标时，要将考试的要求与自身的基础和其他客观因素结合起来考虑，确定一个适宜的等级目标，给自己带来适度压力和学习动力。

◆ 制定好支撑总目标的子目标

子目标是实现总目标过程中的支点，它对目标的实施起着举足轻重的作用。

在制定目标时,要对语音、词汇、语法、语调、表达流畅程度或“读单音节字词”“读双音节词语”“朗读”“说话”等各个子目标做出具体计划,把总目标的任务分解、落实到具体的子目标上。比如,宋欣桥在《普通话水平的语言表征与相应的测试等级》①中曾对单音节字词和双音节词语中的字音错误进行量化分析,发现:一级甲等单音节字词失分在 0.5 以内,双音节词语失分在 0.6 以内;一级乙等单音节词语失分在 1.0 以内,双音节字词失分在 2.0 以内;二级甲等单音节字词失分在 1.5 左右,双音节词语失分在 3.0 左右;二级乙等单音节字词失分在 2.0 左右,双音节字词失分在 4.0 左右。由此可见,总目标与子目标之间呈现明显的正相关的关系。

◆ 面对困难,积极调整心理

备考中,应试人要积极调整自己的心态,对测试时可能出现的困难和挫折做客观评价,要有克服困难或挫折的充分的心理准备。

为了避免测试时产生紧张心理,可以提前了解测试程序,学习应试技巧,提前熟悉测试环境,还可以通过相互模拟测试积累经验。在心理准备中,模拟测试起着极其重要的作用。因为它一方面可以丰富复习的手段,保持应试人的注意力和兴趣,让应试人发现学习过程中的不足与缺陷,及时查漏补缺;另一方面可以给应试人创造测试氛围与考场环境,让应试人通过对这种氛围和环境的认知与适应,逐渐增强对正式测试的适应度,减轻或消除心理负担。

◆ 巧妙化解怯场情绪

怯场是测试中常见的一种心理现象。很多应试人回忆,自己在测试过程中情绪高度紧张和焦虑,出现了难以控制自己心理活动的情况,致使大脑一片空白,不知所云。

为了避免怯场,测试前半小时,应试人一般不要进行高度紧张的复习,避免谈论与测试有关的问题,不要追问已测人员的测试情况,可以独自散散步,或与他人

---

① 宋欣桥.普通话水平测试员实用手册[M].北京:商务印书馆,2004:231.

聊聊天，活动活动身体，适量地饮水等。测试中，当你意识到自己出现了怯场现象时，也不要惊慌、恐惧，可以尝试用以下方法快速摆脱：一是深呼吸法，暂时停止有关活动，全身放松，双眼注视一个固定的目标或微闭，反复均匀地、有节奏地做几次深呼吸。二是放缓语速，稳定情绪。三是集中注意力，将注意力集中到说话的内容上而不是语音上。四是目光避开测试员，以免因对视造成紧张或因测试员的表情、动作产生心理压力。五是自我暗示，暗示自己准备充分，相信自己，树立必胜的信心。

思考练习题

一、请你反复阅读、记忆“普通话水平测试用普通话词语表”“普通话水平测试用必读轻声词语表”“普通话水平测试用儿化词语表”“普通话异读词审音表”。

二、请你读读下列字词，对照“普通话水平测试用普通话词语表”“普通话水平测试用必读轻声词语表”“普通话水平测试用儿化词语表”“普通话异读词审音表”，查看正确率。

症候　棕榈　宁愿　日晕　秘鲁　阿胶　给予　请帖
包庇　单于　强劲　塑料　因为　雪茄　句读　蝙蝠
妊娠　痤疮　落枕　挨打　执拗　蚌埠　单薄　十里堡
暴露　背脊　臂膀　鄙夷　屏息　淡泊　簸箕　参差
打颤　处决　畜牧　重创　伺候　苏打　逮捕　忖度
岗哨　五更　供销　勾当　可汗　搅和　会厌　冠心病
夹杂　间断　口角　发酵　菌子　看守　龟裂　关卡
炮烙　佝偻　模式　眯缝　萎靡　分娩　宁可　忸怩
疟疾　牵强　荨麻　着落　经幢　作坊　压轴　属望
胡琴　白净　包袱　裁缝　答应　弟兄　动静　差事
嘟囔　窟窿　困难　活泼　交情　见识　嫁妆　粮食
溜达　念头　牌楼　亲家　铺盖　拾掇　世故　秧歌
唾沫　稳当　岁数　爽快　甘蔗　琢磨　作坊　张罗
跑腿儿　墨水儿　瓜子儿　没词儿　墨汁儿　记事儿

肚脐儿 垫底儿 钢镚儿 脖颈儿 抹黑儿 花盆儿

找碴儿 鞋带儿 快板儿 瓜瓤儿 豆芽儿 冒尖儿

透亮儿 麻花儿 火罐儿 蛋黄儿 人缘儿 小人儿书

曲高和寡 一曝十寒 安步当车 乘风破浪 万头攒动

一丘之貉 钩心斗角 管窥蠡测 未雨绸缪 前仆后继

毛遂自荐 数见不鲜 相机行事 不省人事 否极泰来

呱呱坠地 浑水摸鱼 载歌载舞 量入为出 挑拨离间

三、熟读"普通话水平测试用朗读作品"60篇,做到不错字、不漏字、不增字。请你朗读下面几篇作品并录音,对照难点、重点语音提示,检查自己掌握的程度。

作品17号《济南的冬天》

对于一个在北平住惯的人,像我,冬天要是不刮风,便觉得(1)是奇迹(2);济南(3)的冬天是没有风声的。对于一个刚由伦敦回来的人,像我,冬天要能看得见日光,便觉得是怪事;济南的冬天是响晴的。自然,在热带的地方(4),日光永远是那么毒,响亮的天气,反有点儿叫人害怕。可是,在北方的冬天,而能有温晴的天气,济南真得(5)算个宝地。

设若单单是有阳光,那也算不了(6)出奇。请闭上眼睛(7)想:一个老城,有山有水,全在天底下晒着阳光,暖和(8)安适地睡着(9),只等春风来把它们唤醒,这是不是理想的境界?小山整把济南围了个圈儿(10),只有北边缺着点口儿(11)。这一圈小山在冬天特别可爱,好像是把济南放在一个小摇篮里,它们安静不动地低声地说:"你们放心吧,这儿(12)准保暖和。"真的,济南的人们在冬天是面上含笑的。他们一看那些小山,心中便觉得有了着落(13),有了依靠。他们由天上看到山上,便不知不觉地想起:明天也许就是春天了吧?这样的温暖,今天夜里山草也许就绿起来了吧?就是这点儿幻想不能一时实现,他们也并不着急(14),因为(15)这样慈善的冬天,干什么(16)还希望别的呢!

最妙的是下点儿小雪呀。看吧,山上的矮松越发的青黑,树尖儿(17)上//顶着一髻儿白花,好像日本看护妇。山尖儿全白了,给蓝天镶上一道银边。山坡上,有的地方雪厚点儿,有的地方草色还露着;这样,一道儿白,一道儿暗黄,给山们穿上一件带水纹儿的花衣;看着看着,这件花衣好像被风儿吹动,叫你希望看见一点儿更美的山的肌肤。等到快日落的时候，微黄的阳光斜射在山腰上，那点儿薄雪好像忽然害羞，微微露出点儿粉色。就是下小雪吧，济南是受不住大雪的，那些小山太秀气。

语音难、重点提示

(1)觉得 jué · de (2)奇迹 qíjì
(3)济南 jǐnán (4)地方 dì · fang
(5)得 děi (6)算不了 suàn · buliǎo
(7)眼睛 yǎn · jing (8)暖和 nuǎn · huo
(9)睡着 shuì · zhe (10)圈儿 quānr
(11)口儿 kǒur (12)这儿 zhèr
(13)着落 zhuóluò (14)着急 zháojí
(15)因为 yīn · wèi (16)什么 shén · me
(17)尖儿 jiānr

作品 25 号《绿》

梅雨潭闪闪的绿色招引着我们，我们开始追捉她那离合的神光了。揪(1)着草，攀着乱石，小心探身下去，又鞠躬过了一个石穹门(2)，便到了汪汪一碧的潭边了。

瀑布(3)在襟袖(4)之间，但是我的心中已没有瀑布了。我的心随潭水的绿而摇荡。那醉人的绿呀！仿佛(5)一张极大极大的荷叶铺(6)着，满是奇异的绿呀。我想张开两臂抱住她，但这是怎样一个妄想啊(7)。

站在水边，望到那面，居然觉着(8)有些远呢！这平铺着、厚积着的绿，着实(9)可爱。她松松地皱缬(10)着，像少妇拖着的裙幅；她滑滑的明亮着，像涂了“明油”一般，有鸡蛋清那样软，那样嫩；她又不杂些尘滓(11)，宛然(12)一块温润的碧玉，只清清的一色--但你却看不透她！

我曾见过北京什刹海(13)拂地(14)的绿杨，脱不了鹅黄的底子，似乎(15)太淡了。我又曾见过杭州虎跑(16)寺近旁高峻而深密的“绿壁”，丛叠(17)着无穷的碧草与绿叶的，那又似乎太浓了。其余呢，西湖的波太明了，秦淮河的也太暗了。可爱的，我将什么来比拟(18)你呢？我怎么(19)比拟得出呢？大约潭是很深的，故能蕴蓄(20)着这样奇异的绿；仿佛蔚蓝(21)的天融了一块在里面似的(22)，这才这般的鲜润啊(23)。

那醉人的绿呀！我若能裁你以为带，我将赠给那轻盈(24)的//舞女，……

语音重、难点提示

(1)揪 jiū (2)石穹门 shíqióngmén

(3)瀑布 pùbù (4)襟袖 jīnxiù

(5)仿佛 fǎngfú (6)铺 pū

(7)啊 nga (8)觉着 juézhe

(9)着实 zhuóshí (10)皱缬 zhòuxié

(11)尘滓 chénzǐ (12)宛然 wǎnrán

(13)什刹海 Shíchàhǎi (14)拂地 fúdì

(15)似乎 sìhū (16)虎跑 hǔpáo

(17)丛叠 cóngdié (18)比拟 bǐnǐ

(19)怎么 zěnme (20)蕴蓄 yùnxù

(21)蔚蓝 wèilán (22)似的 shìde

(23)啊 na (24)轻盈 qīngyíng

作品 26 号《落花生》

我们家的后园有半亩空地(1)，母亲说："让它荒着怪可惜的，你们那么(2)爱吃花生，就开辟出来种花生吧。"我们姐弟几个都很高兴，买种(3)，翻地，播种(4)，浇水，没过几个月，居然收获了。

母亲说："今晚我们过一个收获节，请你们父亲也来尝尝(5)我们的新花生，好不好？"我们都说好。母亲把花生做成了好几样食品，还吩咐(6)就在后园的茅亭里过这个节。

晚上(7)天色不太好，可是父亲也来了，实在很难得。

父亲说："你们爱吃花生吗？"

我们争着答应："爱！"

"谁能把花生的好处说出来？"

姐姐(8)说："花生的味美。"

哥哥(9)说："花生可以榨油。"

我说："花生的价钱(10)便宜(11)，谁都可以买来吃，都喜欢吃。这就是它的好处。"

父亲说："花生的好处很多，有一样最可贵：它的果实埋在地里(12)，不像桃子(13)、石榴(14)、苹果那样，把鲜红嫩绿的果实高高地(15)挂在枝头上，使人一见就生爱慕之心。你们看它矮矮地长在地上，等到成熟了，也不能立刻分辨出来它有没有果实，必须挖出来才知道(16)。"

我们都说是，母亲也点点头。

父亲接下去说："所以你们要像花生，它虽然不好看，可是很有用，不是外表好看而没有实用的东西(17)。"

我说："那么，人要做有用的人，不要做只讲体面，而对别人没有好处的人了。"//

父亲说："对。这是我对你们的希望。"

我们谈到夜深才散。花生做的食品都吃完了，父亲的话却深深地印在我的心上。

语音重、难点提示

(1) 空地 kòngdì　　(2) 那么 nà · me
(3) 买种 mǎizhǒng　　(4) 播种 bōzhòng
(5) 尝尝 cháng · chang　　(6) 吩咐 fēn · fu
(7) 晚上 wǎn · shang　　(8) 姐姐 jiě · jie
(9) 哥哥 gē · ge　　(10) 价钱 jià · qian
(11) 便宜 pián · yi　　(12) 地里 dì · li
(13) 桃子 táo · zi　　(14) 石榴 shí · liu
(15) 高高地 gāogāo · de　　(16) 知道 zhī · dào
(17) 东西 dōng · xi

四、根据"普通话水平测试用话题"列出各话题提纲，按照"巧合并、多叙述、尚口语、讲规范、求顺畅"的原则认真准备命题说话，并录音。

五、根据提供的这套普通话测试模拟试题进行自测。

普通话测试模拟试题

(一)读 100 个单音节字词(限时 3.5 分钟)

学 酿 嫩 级 瑞 佳 贵 决 去 泉

挂 琼 吕 知 矿 整 秋 仲 横 设

槐 是 虹 住 掠 查 件 常 改 虫

黄 水 军 人 火 字 花 早 绢 族

炒 词 可 算 勤 雨 晒 原 强 矮

憋 袖 宾 树 博 刷 瞟 帆 彩 愤

丝 滕 寸 峦 岸 类 歪 耳 兄 脱

周 爸 迷 先 站 皮 母 梅 车 非

名 颇 吹 风 都 吨 夏 掉 涛 定

工 铁 翁 年 老 田 寻 够 朗 口

(二)读多音节词语(限时 2.5 分钟)

家风 耳筒 报装 玩赏 取得 阳台 混淆 衰落 分析 防御

偏移 沙丘 惯例 此外 队伍 挖潜 女式 科学 收支 策略

光环 塑料 扭转 价优 抢劫 森林 侨眷 快乐 沉醉 纳闷儿

钢扣 干警 日用 进账 炽热 群众 铭牌 窗户 财富 没准儿

应当 绳子 奔跑 卑劣 洒脱 现代化 委员会 轻描淡写

(三)朗读短文:请朗读第 11 号短文(限时 4 分钟)

一个大问题一直盘踞在我脑袋里:

世界杯怎么会有如此巨大的吸引力?除去足球本身的魅力之外,还有什么超乎其上而更伟大的东西?

近来观看世界杯,忽然从中得到了答案:是由于一种无上崇高的精神情感--国家荣誉感!

地球上的人都会有国家的概念,但未必时时都有国家的感情。往往人到异国,思念家乡,心怀故国,这国家概念就变得有血有肉,爱国之情来得非常具体。而现代社会,科技昌达,信息快捷,事事上网,世界真是太小太小,国家的界限似乎也不那么清晰了。再说足球正在快速世界化,平日里各国球员频繁转会,往来随意,致使越来越多的国家联赛都具有国际的因素。球员们不论国籍,只效力于自己的俱乐部,他们比赛时的激情中完全没有爱国主义的因子。

然而,到了世界杯大赛,天下大变。各国球员都回国效力,穿上与光荣的国旗同样色彩的服装。在每一场比赛前,还高唱国歌以宣誓对自己祖国的挚爱与忠诚。一种血缘情感开始在全身的血管里燃烧起来,而且立刻热血沸腾。

在历史时代,国家间经常发生对抗,好男儿戎装卫国。国家的荣誉往往需要以自己的生命去换//取。……

——节选自冯骥才《国家荣誉感》

(四)命题说话:请按照话题"谈谈科技发展与社会生活"或"我喜欢的节日"说一段话(3分钟)。

图书在版编目(CIP)数据

普通话训练教程 / 曾志华等编著. -- 3 版. -- 北京：中国传媒大学出版社，2022.9（2023.8重印）
ISBN 978-7-5657-3219-5

Ⅰ. ①普… Ⅱ. ①曾… Ⅲ. ①普通话—教材 Ⅳ.①H102

中国版本图书馆 CIP 数据核字(2022)第 105637 号

普通话训练教程（第三版）
PUTONGHUA XUNLIAN JIAOCHENG（DI-SAN BAN）

编　　著 曾志华　吴洁茹　熊征宇　潘　洁
策划编辑 赵　欣
责任编辑 赵　欣　高卓毓
封面设计 拓美设计
责任印制 阳金洲

出版发行 中国传媒大学出版社
社　　址 北京市朝阳区定福庄东街 1 号　　**邮　　编** 100024
电　　话 86-10-65450528　65450532　　**传　　真** 65779405
网　　址 http://cucp.cuc.edu.cn
经　　销 全国新华书店

印　　刷 艺堂印刷（天津）有限公司
开　　本 710mm×1000mm　1/16
印　　张 17.25
字　　数 298 千字
版　　次 2022 年 9 月第 3 版
印　　次 2023 年 8 月第 2 次印刷

书　　号 ISBN 978-7-5657-3219-5/H・3219　　**定　　价** 48.00 元

本社法律顾问：北京嘉润律师事务所　郭建平